베이식 경영법

● 후나이식 경영법

머 리 말

　1987년 10월 중순, 뉴욕 주식시장의 폭락과 함께 세계 각국의 주식시장은 대폭락이 시작되었다.

　이때부터 급속도로 달러($)가 하락되었는데, 한마디로 말해서 이런 상황에서 앞으로의 경기나 경제동향에 대해 자신있게 예측할 수 있는 사람은 별로 없다고 생각된다. 나는 경영 컨설턴트업을 하고 있지만, 동시에 경영 컨설턴트 회사의 사장이다. 나의 회사에는 현재 100명이 넘는 경영 컨설턴트들이 근무중이고, 고문을 맡고 있는 거래 기업은 천수백개사에 이르고 있다. 그래서 작년 10월 19일 새벽부터 나는 수면 시간도 없이 분주하게 되었다. 지금은 경영자에게 있어서 매우 중요한 시기인 것이다.

　10월 19일 새벽에, 어느 증권회사의 간부로부터 전화가 걸려왔다. 그는 '뉴욕시장의 움직임이 아무래도 심상치 않다. 오늘은 도쿄에서도 폭락할듯 한데, 당신의 의견은 어떠냐'는 것이었다.

　어떤 연유에서인지는 모르나, 나의 예측이나 육감이 비교적 정확하다는 소문이 기업가들이나 일부 '예측'을 직업으로 삼고 있는 사람들 사이에서 널리 알려져 있고, 지난해 10월 19일부터 24일 사이에는 나의 의견을 듣고 싶다는 전화가 폭주했다.

　특히, 10월 22일~24일에는 외국에 체재중이었는데 주간에도 내가 방문중인 거래처 기업으로, 또 밤에는 호텔에까지 일본에서 국제전화가 빗발쳤는데, 기업경영의 대변화를 알고 있었으므로 침묵을 지킬 수 밖에 없었다. 그들 대부분은 고문을 맡고 있는 경영자들인데, 그때 이후 나는 '정확한 예측이 누구에게나 불가능하다는 것은 격변하는 시대가 도래했기 때문이다…… 이제부터 일본이나 세계경제는 어느 방향으로 갈 것인가? 나는 고문을 맡고 있는 기업가들에게 어떤 어드바이즈를 제공할 것인가'에 대하여 전과는 달리 매우 심각하게 고민하지 않을 수 없게 되었다.

어쨌던, 매일 매일 전에 없이 매우 새로운 상담이 수없이 쇄도했다.

'미국 회사와 일본 법인체가 합병회사를 만들기로 했는데, 지주비율(持株比率)은 어떻게 해야 되는가?'

'홍콩에 100% 출자하는 자회사를 세무대책상 만들려고 하는데, 시기적으로 어느 때가 바람직한가?'

'지금 국내의 공장 설비를 증설해야 되는가, 아니면 태국에 투자하고 거기에 하청공장을 만들것인가의 이자택일(二者擇一)로 고민중인데 어느쪽이 현명한가?'

'시가지 재개발과 관련하여 출점 의뢰가 우리 회사에 오고 있는데, 우리 소매업자들은 상품의 소비수요가 증가될 전망이 없으면 출점해도 채산을 맞추기가 어렵다. 독촉을 받고 있는데 가능성이 있는가?' ……등등이었다.

기업체나 경영체는 끊임없이 전진을 계속하지 않으면 안되는 요령을 지니고 있다. 전진이 중단된다는 것은 쇠퇴를 의미하므로, 현재와 같이 불투명한 시대의 경영자에게는 중대한 문제가 아닐 수 없다. 그러한 영향과 여파때문에 작년 10월과 11월에는 위통과 견비통으로 고통스런 나날을 보냈다. 그러나 나는 나름대로 지금까지 정확하게 답변해 왔다고 생각하고 있다. 다행히 최근에는 견비통도 위통도 없어졌다. 답변도 보다 더 정확해졌다는 자신감을 갖게 되었다.

　나는 이것이 요령과 핵심을 터득했기 때문이라고 생각한다. 어떤 핵심이냐 하면 그것은 어드바이즈의 핵심, 경영의 핵심이며, 경영 컨설팅의 핵심이다. 이것이 본서의 제목인 《베이식 경영》이라고 할 수 있다.

　나는 경영 컨설턴트업을 시작한지 20년이 넘었다. 또, 경영 컨설턴트 회사를 만들어 사장이 된 것도 이미 10여년이 지났다. 이 두가지 업무는 어려운 상황일 때일수록 지탱하기 힘든 무게로 나를 억누른다.

　어려운 상황일수록, 경영 컨설턴트가 훌륭하게 임무를 수행하려면 마이너스를 플러스로, 실패를 성공으로 변화시켜야 되고 어떤 상황과 입장에 있는 사람도 설득을 통해 이해시키지 않으면 안된다. 또 누구에게나 '할려는 의욕'을 북돋아 주는 요령을 인식하도록 도와주어야 된다. 더구나, 고통스러울 때는 진실을 모르는 것이 정신위생상 좋은 것이지만, 진실이란 좋든 싫든 알면서도 피하기가 어려운 것이 또한 사실이다.

　그리고, 사장업(社長業)이란 것은 결코 피할 수가 없는 숙명을 가진 업무다. 최종적인 의사결정을 해야만 되고 아무리 고통스러워도 회사를 문닫게 할 수는 없기 때문이다. 더구나, 리더쉽을 잠시도 늦출 수가 없는 직업이다. 그러므로, 일차적으로 어려운 문제가 생기면 이만큼 괴로운 업무가 별로 없을 것이다.

　나는 이 두가지 업무를 해결해야 될 숙명적인 조건에서도 장기간 나는 원만하게 운영해 왔다고 생각한다. 아마도, 그것은 어떤 경우에도 통용되는 경영법이라고나 할까, 경영의 핵심을 어느 정도 스스로가 터득했기 때문일 것이다. 그것이 바로 본서에서 말하는 베이식 경영법인데, 작년 10월과 11월 여러가지로 고민하고 있을 때 나의 머리속에서 분명히 체계화 되고 원칙화 되어 하나의 핵심으로서 체득된 것이다.

오늘은 1988년 1월 3일이다. 일본경제신문에서는 금년의 엔 (円)시세, 미국 금리, 주가, 경기 전망에 대한 앙케이트나 예측이 기사화 되고 있는데, 그 특징은 세계적으로 변동이 심하다는 사실이다.

예를들면, 금년의 엔(円)시세 전망에 있어서, 크레디·스위스 는 95엔~125엔이지만, 야스다(安田) 신택은행은 115엔~165 엔이다. 미국 금리도 30년 국채인 경우, 신일본(新日本)증권은 7.5%~9.0%지만, 베크레이즈 은행은 8.4%~11.8%다. 주가 및 경기 전망에 있어서도 비슷한 경향인데, 말하자면 장래가 불투명 하고 분명하지 못하다고 할 수 있다.

이와같은 불투명한 시대에는 '베이식 경영법'이야말로 매우 핵심적인 역할을 할 것이라고 나는 생각하고 있다. 이것은 아무 리 시대가 격변해도 통용될 수 있는 기본적, 원칙적인 경영법이 고, 나의 독창적인 확립에 의한 것이지만 '천지 자연의 이치'라든 가, 이 세상의 구조와 존재, 운영의 원리에 따른 경영법이기 때문 이다. 그러므로, 이에 따라 경영하면 결코 실패하지 않는다고 할 수 있다.

'근원적인 원리'라고 하지만 '원칙에 따른 경영법'이란 뜻이 며, 과장된 것으로 느낄지 모르나 '베이식 경영법' 또는 '후나이식 베이식 경영법'이라고 감히 말하고 싶다.

'베이식'이란 뜻과 같이, 이 경영법은 매우 상식적이고 누구나 하겠다는 의욕만 있으면 간단히 실천할 수 있는 것이다. 별로 어려운 것도 아니다.

이 어려운 시대를 맞아 경영자들이 모름지기 이 경영법을 이해하고 실천하기를 바라는 뜻에서 본서를 착수했다. 가급적 이해하기 쉽도록 쓸 작정이다.

후나이 유끼오(船井幸雄)

제 1 부
'베이식 경영법'에 이르기까지

제 1 장 기업은 변화 적응업

—자기는 가급적 변화하지 않으면서 환경에 적응
하는 것이 효과적이고 즐겁다—

'1987년 12월의 어느날, 마루이(丸井)의 아오이(青井忠雄) 사장, 마쓰야(松屋)의 야마나카(山中鑽) 사장, 소고오의 미즈지마(水島廣雄) 사장, 그리고 나는 도쿄 시내의 모처에서 회식을 하면서 대화를 나누고 있었다.

"지나간 금년은 어떤 해였다고 할 수 있고, 내년은 어떤 해가 될 것으로 전망될까요?"라고 하면서 아오이(青井) 사장이 이야기를 시작했다.

정확한 판단과 선견지명에서는 누구에게 못지 않는 여러가지 의견들이 이 문제를 중심으로 꽃을 피웠다. 그것을 정리하면 대략 다음과 같다(물론 4명의 이야기를 적절히 정리할 예정이지만, 이 문장의 책임은 나에게 있다. 다른 분들의 의견과 상반되는 점이 있다면 양해있기 바란다).

그 첫째로, 인간이란 지혜있는 유일한 동물이고, 만물의 영장이라 하더라도 이 세상을 움직이고 있는 위대한 원칙=천지 자연의 이치에 따라 탄생했고 살아가고 있는 생물이므로 자연의 섭리를 무시하면 안된다는 것을 확실히 일부 지도적인 유능한 인사들이 알게 된 것이 1987년이었다……는 결론이다.

유능한 인사들은 사회정세나 경제정세 등의 변화에서 '인간은 정직하게 땀을 흘리면서 이 세상과 그리고 인간을 위해 착실하게 노력하고 활동하는 것이 가장 바람직한 최고의 생활태도다' 라는 것을 이해하게 된 듯하다.

자기 욕심에만 집착하는 삶, 당면한 문제만을 생각하는 생활태도, 배금주의, 남을 학대하거나 환경을 파괴하면서도 자기만 편히 살면 된다는 사고방식이 지난 1987년 10월 경부터 세계의 유식자(有識者)를 중심으로 급속히 반성하게 되었다. 이 점에서는 세계의 주가가 동시에 폭락했고, 달러 값이 떨어진 것이 결코 마이너스만은 아닌 듯하다.

둘째로, 1987년은 세상이 정상적인 방향으로 반전(反轉)된 기념비적인 해였다……는 사실이다. 이제까지는 이상한 쪽으로 진행되어 왔다. 내가 알고 있는 범위에서 볼 때도 일본이나 미국, 한국에서는 젊은이들도 이제 인간으로서 올바른 삶의 태도와 보람에 주목하기 시작했다. 이것은 일본의 기업 사회에서도 마찬가지인데, 20대의 젊은이들을 목전의 이익이나 예산, 통제력만으로는 지도할 수 없게 되어 가고 있다. 기업이나 회사의 사회적 존재 가치가 재검토되고 개개인의 사회 공헌도가 젊은이들의 삶의 보람이 되고 있다. 그리고 여기에 무관심했던 35세 이상의 중견 간부들을 당황하게 하고 있는 것도 현실이다.

세번째로, 1988년부터는 1987에 눈뜨기 시작한 이상의 두가지 경향(첫째와 둘째)이 착실하게 정착될 것이다…… 라는 것이다.

나는 이같은 큰 변화의 트렌드(추세)가 급속도로 정착되고 앞으로 15년 내에 지금과는 전혀 다른 세상이 될 것이라고 생각하는 것이다.

그러므로, 우리들은 즉각 매크로(거시적)로 모든 것을 판단하고, 자연의 섭리에 따르는 생활태도로 현재의 삶을 변화시키는 노력이 필요하게 될 것이라고 제안하는 것이다.'

이상의 문장은 내가 주간(主幹)으로 편집하고 있는 월간《유통 비즈니스》지의 1988년 1월호에 게재된 권두문이다.

이 책에서 베이식(Basic) 경영이라고 하는 것은, 앞에서 말했듯이 '이 세상을 움직이고 있는 큰 원칙에 알맞는 경영' 즉, '자연의 섭리를 받아들이는 기본적인 원리나 규범에 따르는 경영'과 같은 의미인 것이다.

기업체가 존재하는 첫째 목적은 우선 사회에 공헌하는 일이다. 즉, 세상을 위해 그리고 인간을 위해 도움이 되지 못하면 기업은 영속(永續)될 수가 없다. '사회성의 추구'가 제1의 목적이라고 하는 것도 이 때문인 것이다.

다음에, 제2의 존재 목적은 기업체와 관련된 사람들의 인간성 향상에 도움이 되는 것이며, 이것을 '교육성의 추구'라고 말하고 있다. 제3의 목적은 제1, 제2의 목적 추구에서 결과되는 '수익성의 추구'인 것이다.

기업체가 이같은 목적을 가급적 효율적으로 그리고 즐겁게 추구하는 것이 되어야 한다는 것은 말할 나위가 없다. 여기에서 유능한 경영과 무능한 경영의 차이가 나타난다. '변화야말로 불변하는 원칙이다'라고 말할 수 있다. 물론 변화에는 큰 원칙이 있다고 할 수 있다. 나의 방식대로 말한다면 '창조주나 우주나 인간도, 이 세상에 존재하는 것은 모두가 나선형(螺旋形)을 그리면서 생성 발전하고 있다'는 대원칙에 따라 변화되는 것인데, 어쨌든 모든 것이 항상 변화하고 있는 것만은 틀림없다.

여기에서, 이같은 모든 변화에 능숙하게 적응하여 기업체의 존재 목적을 추구하는 지도자의 위치가 매우 중요하게 된다. 이것이 경영인의 역할이기 때문에 '경영하는 기업체는 변화적응업체다'라고 말할 수 있다. 여기에서의 문제점은 어떤 방법으로 훌륭하게 변화에 적응하는가 하는 것이다. 잘못 적응하면 경영체는 순식간에 죽게 되기 때문이다.

말하자면, 끊임없이 주변의 모든 것=환경이 변화하고 있으므로 이에 대한 적응방법이 변화하지 못하면 이것이야 말로 변화에 대응하지 못해 역시 기업체는 순식간에 없어질 수 밖에 없다. 경영체란 한편으로는 매우 허약한 것이다. 경영인의 중요성이 여기에서 나타난다.

한편, 훌륭하게 변화에 적응하면, 쉽게 효율적으로 경영목적을 추구할 수가 있다. 경영업체란 매우 재미있는 '생물체'라고도 말할 수 있다. 이 변화에 훌륭하게 대응하는 핵심이 베이식 (Basic) 경영법이다.

가장 훌륭한 적응법은 자기는 거의 변화하지 않으면서 환경 변화에 적응하는 방법을 취하는 것이다. 이것이 베이식, 즉 '기본'이고, '원칙'이며 '원리'이다.

1. 변환자재(變幻自在)보다는 계획적이 바람직하다
-'소고오 백화점'의 철저한 1등점 전략-

환경변화에 대응하기 위한 방법에는 몇가지가 있다. 그중 하나는 끊임없이 변환자재(變幻自在)로 환경 변화에 따라 대응하는 것이다. 언뜻 보기에는 이 방법이 좋게 보이지만 탁월한 정신력 (의욕)과 행동력이 모두 끊임없이 필요하며 우수한 사람들이 창업하는 벤쳐 비즈니스(모험 사업)의 창업기 같은 경우를 빼고는 계속적이라는 조건을 충족시키기 어려워 충분한 대응이 힘들다. 그것은 부득이 임기응변이거나 변환자재로 환경에 적응하지 못하면 존재할 수 없는 벤쳐기업의 대부분이 창업후 몇년 내에 소멸되는 점에서도 쉽게 이해된다.

미국인들은 성공(석세스)을 매우 좋아한다. 의욕적인 젊은이들은 성공을 위해 모두가 뉴비즈니스에 몰려든다. 이것이 연간 70만 개의 신설 회사를 만드는 최대 원인이지만, 회사뿐만 아니라 자영업이나 파트너쉽(합명회사)을 포함하면 연간 150만개의 뉴비즈니스 기업체가 탄생되는데, 이것은 일본의 20배, 인구로 비례해도 일본의 10배에 이르고 있다. 그러나 그 90％는 의욕과 행동력이 충만해도 창립 1년 후에는 실패하는 것으로 알려져 있다. 그러나 이것은 지나친 표현이고 각종 통계에서 판단할 때, 창업 후 5년간에 50％ 정도가 실패하고 있고 15년 사이에 90％이상이 소멸되고 있는 것 같다.

변환자재로, 승리를 위한 책략만을 구사하는 대응이란 여기에서 볼 때도 매우 어려운 것임을 알기 바란다.

제2의 대처법은, 미리부터 환경 변화의 방향을 상정(想定)하고 이에 대해 계획적으로 스스로가 변화하면서 대응하는 방법이다. 일반적으로 기업들은 이 대처법을 취하고 있다. 그러므로 주식값이 폭락하거나 경기가 불투명해지면 경영자는 필사적으로 미래의 변화 방향을 탐색하려고 하는 것이며, 나처럼 예측이 잘맞는 사람은 바쁘게 되기 마련이다. 이 방법은, 환경변화의 예측만 정확하면 문제될 것이 없으나 크나큰 경제변동이 언제 일어나는가는 분명치 않고 일반적으로 예측이라고 하는 것도 맞는다고 장담할 수 없으므로 최선의 대처법은 아니다.

대처법의 제3은, 환경이 어떻게 변화해도 자기 스스로는 거의 변화하지 않고 환경변화에 대응할 수 있는 수법이 있다면 자기 능력에 알맞게 그중에서 최선의 방법을 취하는 것이다. 이것이 베이식 경영법이고 베이식 대처법이란 것을 이해하기 바란다.

구체적인 실례를 든다면, '소고오 백화점 그룹'의 출점(出店) 전략은 지난 20년간 완전한 베이식 경영법에 따라 실시되어 왔다. 1967년, 지바(千葉)에서 '소고오'가 개점한 후, 최근 요코하마에서의 출점에 이르기까지 '소고오 그룹'의 각 점포는 모든 출점도시에서 1등 매장의 넓은 소매점포로서 분점을 확장해 왔다. 이것은 국내뿐만 아니라 해외에서도 같은 출점전략을 취해 왔다. 더구나 이들 도시에서는 소고오 다음의 2등 점포 매장 면적보다도 훨씬 매장이 넓은 것이 그 특징이다. 이것은 다음과 같이 생각하면 쉽게 알 수 있다.

고객이 점포에 찾아오고 가게에 진열된 상품(최종 소비재)을 사도록 하는 것이 오소독스(정통적)한 소매방법이라고 한다면, 손님들이 더욱 좋아하는 소매점＝말하자면, 아무리 경쟁이 심해져도 환경이 어떻게 변하거나 가장 번창하는 소매점은, 상권 안에서 다른 점포와 비교할 때 상품진열이 가장 훌륭한 가게라고 할 수 있다. 이것은 당연히 상권 안에서 최고로 매장면적이 넓은 점포인 것이다.

따라서, 장래에 있어서도 가장 넓은 매장면적을 확보할 수 있는 점포란 것을 전제(前提)로, 출점하는 위치를 결정하였고 매장면적을 확정하고 소고오는 출점한 것이다. 아마도 소고오가 1967년 이래 출점한 도시에서는 앞으로도 소고오 점포가 1등점이 되리라고 짐작하는데, 이들 도시에서는 소매환경이 어떻게 변화해도 소고오 점포는 현재 매장으로 2등점에 있는 것을 전부 포용하는 전략을 통해서 변화에 충분히 대응할 수 있다고 생각된다.

모든 변화에 대하여, 스스로는 전혀 변화하지 않고 완전히 대응하며 더욱 번영을 계속할 수 있도록 계획적으로 출점한 것이므로 미즈지마(水島廣雄) 사장의 능력은 그의 경영관과 함께 훌륭하다고 할 수 있다. 분명히 말해서 이것이 베이식 경영법의 한가지 모델이라고 이해하기 바란다.

그리고 이것이 베스트의 변화대응법이기도 하다. 왜냐하면, 이것이 가장 효율적이고 즐거우며 경영 목적을 추구하기 가장 쉽기 때문이다.

2. 성공하는 사람은 전향적(轉向的), 계획적
　－세미나 참석자의 성공의 조건－

내가 회장으로 있는 후나이(船井)총합연구소는 경영 컨설턴트 회사이지만, 고문을 맡고 있는 거래처가 천수백개 회사가 되므로 나를 비롯한 간부들이 직접 거래처 경영인들과 상담할 수 있는 기회가 많지 않으므로 이것을 보완하기 위해 연간 2회의 세미나를 개최하고 있다. 이 회사 중에는 연간 몇조엔(兆円)의 대기업부터 1억엔 정도의 영세 개인기업까지 있으므로 모든 경영인을 한곳에 집합하는데 문제가 있다. 그래서 2개 그룹으로 분리시켜 대응하고 있다.

구체적으로 말하면, 연간 매상고 수십억엔 이상의 몇백개 회사 경영인들은, 1월에는 도쿄에서 7월에는 간세이(關西)에서 2박 3일의 세미나를 개최한다. 그리고 소기업이나 영세 기업인 약 1천개 회사들 경영자는 2월에 간세이, 8월이나 9월 초순에 아타미(熱海)에서 1박 2일의 세미나를 개최하고 있다. 여기서는 편의상, 대기업 세미나와 소기업 세미나로 분류하여 설명하기로 한다.

1월과 7월의 대기업 세미나에는 매년 매회마다 400~500명 정도가 참가한다. 여기에 참가하는 고문 거래선인 경영인들에게는 대개 6개월 전에 세미나 개최 일정과 장소를 연락하지만,

구체적인 안내장은 1월 세미나의 경우 전년 12월 초에, 7월세미나의 경우는 6월 초순에 발송하고 있다.

그런데, 1월 세미나의 경우는 1월의 연후 전에 참가 신청이 확정되는데, 참가 신청방법을 분석해 보면 대기업 경영인이나 성공적인 경영인일수록 신청이 빠르다. 더구나 신청한 분들의 세미나 불참석은 전혀 없다. 뿐만 아니라 신청이 빠른 사람일수록 세미나 개최일에도 일찍 참석하고 맨 앞줄에 자리를 잡는다. 여기에서 몇가지 교훈적인 사실을 알게 되는 경우가 있다.

한편, 소기업 세미나에서도 6개월 이전에 참가 예정자에게는 일정과 개최 장소를 연락하고 안내장도 일찍 발송하고 있는데, 예를들어 2월 세미나의 안내장이면 대기업 세미나와 비슷하게 12월 상순에 발송하고 있다.

최근 소기업 세미나의 참가자는 600~800명 정도인데, 예컨대 2월 세미나의 경우, 12월 상순에 안내장을 보내도 12월중에는 거의 참가 신청이 도착하지 않는다. 그래서 1월 중에 다시 한번 전화나 서면으로 연락하게 된다. 그러나 1월 말이 되어도 200~250명 정도밖에 신청이 없는 것이다. 그런데, 세미나 개최일 5일 전부터 전날까지 사이에는 하루에 100명 정도로 신청이 쇄도한다. 그뿐만 아니다. 신청도 없이 세미나 당일 회의장에 오는 경영인도 10여명 있고, 반대로 신청하고서도 10여명은 불참하는 분도 있다. 그래서 소기업 세미나는 당일까지도 참가자가 확정되지 못해 숙박이나 방 배정 문제가 매회마다 시끄럽게 된다.

물론, 우리 회사가 고문 역할을 맡고 있는 경영인 여러분은 기업체의 규모와는 관계없이 노력과 경영에서 탁월한 것이 사실이다. 그 점에서는 같은 조건이지만 세미나의 참가 신청방법, 참가 상황을 보아도 대기업 세미나와 소기업 세미나는 큰 차이가 있음을 부인할 수 없다.

　쉽게 말하면, 발전하는 경영인, 대기업의 경영일수록 계획적인 행동이 가능하다는 것이다. 또 의사 결정도 빠르고 한번 결정하고 약속하면 반드시라고 할 정도로 실천력이 왕성하다. 더구나 충분히 효율적으로 시간을 활용하기 위해 세미나 시간에 남보다 빨리 참석하여 앞줄 중앙석에 좌정하는 열성을 보인다.

　소기업 세미나의 참가 신청에 관해 '종업원수가 경영자 이외에 2~3명 뿐인 영세기업에서는 계획적인 행동 등이 결국은 어렵다'고 말하는 사람들이 있으나, 자기가 경영한 기업을 크게 성공시킨 경영인들은 영세기업 시절부터 계획적이고 의지결정(意志決定)이 빠르며 세미나 등에서 공부하는 것을 즐겨하기 때문에 항상 일찍 참석하여 앞줄 중앙에 자리잡는 사람들인 것도 분명한 사실이다.

　그래서 나는 번번히 소기업 세미나에 참가할 때마다 '대기업 세미나와의 신청상 차이와 계획성' 등을 강조하고 가급적 계획적으로 살고 경영할 것을 권장하고 있다. 나의 충고에 귀를 기울이고 자극을 받아 경영에 노력하는 분들이 매회마다 10여명씩 있는데, 이들이 경영하는 기업은 눈부시게 발전하므로 매우 즐거운 일이다.

　어쨌던 '계획적으로 실천한다'는 것은 올바른 예측력, 실행력, 빠르고 정확한 의지결정력, 동정심, 약속을 위한 준수 자세 등이 요구된다. 그것은 '하겠다는 의욕'과 연결되고 두뇌 회전을 빠르게 하며, 신용과도 관련된다. 이것들은 모두가 인간의 성장을 위한 핵심이므로 초인(超人)이 되기 전까지는 인간이 계획적으로 사는 것이 올바르다고 할 수 있다. 기업이란 것이 변화적응업이라고 해서 계획이나 약속이 불가능하다고 하면 무의미하다. 또 약속을 지킬 수 없다면 경영인의 대열에서 계획성이 필요하다고 할 수 있다.

3. 모든 것에 통하는 진짜의 원칙, 베이식한 원칙
―단순·명쾌하며 이해가 쉽고 무리가 없다―

20여년의 경영 컨설턴트업을 통해 내가 얻은 최대의 재산은 많은 사람들과 솔직하게 교류할 수 있는 인간 관계를 가졌다는 사실이다. 말하자면 많은 인맥(人脈)을 만들었다는 점이다. 솔직하게 대화할 수 있는 사람, 그리고 무리한 부탁을 하는 사람들이 현재는 수백명 이상 된다. 더구나 이분들 중에는 유명인사나 특기를 지닌분, 사회적으로 성공한 사람들이 많다. 또 그중에는 여러 가지 직업이나 전문 분야에서 활약중인 사람들이 많다.

이분들과의 교류에서 알 수 있는 것은 인간 한 사람 한 사람은 개성이 다르지만, 모두가 인간으로서의 똑같은 베이식한 원칙에 따라 살고 있다는 점일 것이다. 예를들어 운(運)이 좋은 사람이나 재수 있는 사람들은 자연의 섭리에 따라 인간으로서 올바른 목적을 추구하는 방향으로 사는 사람들이라고 할 수 있고, 질병에 고통받는 것은 자연의 섭리에 배반하는 일상생활 때문이라고 단언할 수 있다.

또, 인간에게는 '인간성을 향상시킨다'는 인생목적이 있는 것 같지만 인간성이란 애정·지성(知性)·감성(感性)·아욕(我慾)·미망(迷妄)의 5가지 요소로 결정된다고도 말할 수 있다. 애정과 지성, 감성이 강하고 욕망과 미망이 감소되면 될수록 인간성은 향상된다고 할 수 있고, 이와 반대되는 경우에는 인간성이 저하되거나 비굴해졌다고 말할 수 있다.

이같은 베이식한 원칙은 많은 사람들과 솔직하게 접촉하면 진실을 알게 되는데, 최근 10년간 이같은 원칙이나 원리의 연구에 전력투구해 왔으므로 내 나름대로 많은 사실을 알게 되었다.

그중에는 현재 상식적으로 이해할 수 없는 것도 있으나 이것을 과학적으로 증명하려고 노력하고 있다. 당연한 것이지만 베이식한 원칙만큼 단순 명쾌하고 베이식한 수법일수록 무리가 없다. 그리고 이것이야 말로 '진실'이라고 말할 수 있다.

2~3가지 예를 들어보자.

TM(TRANSCENDENTAL MEDITATION의 약자)이라는 명상법은 인도의 마하리시·마헷시·요키라는 사람에 의해 개발된 것인데, 수많은 명상법 중에서도 매우 간단하게 명상의 목적인 순수의식(이것은 초의식이라고 할 수 있다)에 도달할 수 있다. 언제, 어디서나 어떤 자세도 좋다. 눈을 감고 입안에서 '망트라'라고 하는 간단한 단어를 암송함으로써 습관이 되면 누구나가 순수 의식을 체험할 수가 있는 것이다. 그뿐만이 아니라 어떤 이유때문에 '망트라'의 암송으로 명상상태가 된다는 것이 과학적으로 해명되고 있다.

단순, 명쾌하며 방법에 무리가 없고 누구나가 가능하며 효과가 뛰어나다. 따라서 나는 TM을 '진짜'로 믿고 있고 TM의 원칙은 베이식이며, TM수법도 베이식이라고 말하고 있는데, 경영법이나 어떤 것도 이 세상에 존재하는 진짜나 베이식한 것은 무엇이나 똑같다고 할 수 있다.

여기에서 다른 진짜 예를 한가지 소개하려고 한다. 나의 친구로 와다(和田)식 미용법을 개발한 와다세이로오(和田静郞)씨가 있다. 이분은 야마모토후지꼬(山本富士子)씨 이후 미스 일본 콘테스트의 실질적인 주최자이고 '여성을 아름답게 만드는 달인(達人)'으로 알려져 있는데 천재라고 생각된다. 어떤 여성도 와다(和田) 선생의 학교에 2~3개월 다니게 되면 틀림없이 변화가 나타난다. 비대한 사람은 날씬해지고 야윈 사람은 알맞게 살이 오른다. 더구나 살이 올라야 될 부위는 적당히 오르며, 날씬해야 될 부위는 스마트해진다. 얼굴도 지성미를 갖게 되고 교양있는 미인으로 탈바꿈된다.

한편 남성도 같은 인간이므로 이 와다식(和田式) 미용법이 충분히 효과를 나타낸다. 미남(美男)으로 만드는 것이다. 그는 다음과 같이 말하고 있다.

"야위기 위해 감식(減食)과 같이 몸을 고달프게 하면서 마르게 하면 안된다. 올바르게 매끼마다 잘 먹고 발육기 때처럼 육체를 만든 다음에 육체 내의 대사작용(代謝作用)에 의해 부분적으로 마르게 할 곳을 날씬하게 하는 것이다"라고.

그의 수법은 식사·작업·체조·목욕·휴식 등 5가지의 조화적인 균형과 실천에 의한 것인데, 모두가 자연의 섭리에 따른다는 것이 핵심이므로 무리하지도 않고 아프지도 않으며 누구에게나 매우 간단하다. 이 5가지 중에서 보통사람에게는 매우 특이한 '체조'를 하게 되는데 1주일에 1회, 2시간 정도 그의 학교를 다니게 되면 개개인에게 알맞는 체조를 가르쳐 주므로 누구나 쉽게 기억하고 실행할 수 있게 된다. 그리고 아름답게 된다. 단순, 명쾌하며 수법에 전혀 무리가 없고 쉬우므로 나는 와다식(和田式) 미용법은 '진짜'이고 베이식한 미용법이라고 믿고 있다.

또 한가지 예를 들자.

내가 현재 가장 흥미를 가지고 있는 인물은 히다(肥田春充)라는 분인데, 그는 메이지(明治) 16년에 탄생하여 1956년 8월에 사망했다. 그는 어렸을 때부터 병약했다. 그래서 18세가 되던 해, 건강에 관심을 갖게 되어 동서고금의 의학서를 탐독한 다음 그 나름의 강건술(強健術)을 개발했다.

자기 몸을 실험대에 올려놓고 강건술을 발전시켰는데, 그의

내가 살아가는 이유

김남석/편저 값 15,000원

세계적인 철학가 15인의 행복론과 인생론. 오늘 내가 살아가는 이유는 무엇일까. 나를 위해 살아가는 것일까. 침묵...허무...공허. 그리고 숱한 생각과 생각들. 삶에 있어 가장 중요한 것은 쾌락의 추구가 아니라 내가 존재하는 이유가 있느냐 없느냐가 아닐까? 나의 존재 이유와 삶의 의미를 되새겨본다.

21세기 인간경영

마쓰모토 쥰/ 후나이 유끼오 공저

시대를 앞서가는 경영을 하고 싶은가? 그렇다면 먼저 인간경영을 하라. 일본내 1,500개사 경영고문을 맡으며 30년간 100% 경영실적을 성공시킨 세계적인 경영컨설턴트의 성공노하우 그가 관여하는 곳마다 성공하는 바람에 세계적인 대기업들이 앞다투어 그의 경영노하우를 배우려 하고 있다. 값 15,000원

허튼소리 (1. 2권)

걸레스님 중광/저

21세기 최대의 기인! 반은 미친듯 반은 성한듯이 세상을 걸림없이 살다간 한 마리 잡놈 걸레스님! 중 사시오! 내 중을 사시오! 그는 진정한 성자인가? 예술가인가? 파계승인가? 아니면 인간 중퇴자인가? 값 15,000원

값 15,000원

업(전9권)

지자경/안동민/차길진 공저

세계적인 영능력자 지자경, 안동민, 차길진이 밝히는 영혼과 4차원세계의 전모! 나의 전생은 무엇이며, 전생에 지은 죄는 어떻게 소멸할 것인가? 저승세계는 어디쯤 있을까? 저 광대한 우주 공간의 어디쯤에 천당과 지옥은 있는가? 그리고 어떻게 살다가 갈 것인가?에 대한 명쾌한 해답을 내리고 있다.

영혼과 전생이야기 (전3권)

안동민 편저

당신의 전생은 누구인가? 사후에는 무엇으로 환생할 것인가? 사람이 죽으면 어떻게 되는가? 이승과 저승은 어떻게 다른가? 전생을 볼 수 있는 원리는 무엇인가? 사람은 왜 병들게 되는가? 운명은 누구나 정해져 있는가? 이 영원한 수수께끼에 대한 명쾌한 해답! 값 13,500원

만년에는 불과 하루에 1분 정도 하복부 단전에 힘을 집중시키는 요복(腰腹) 연습법만으로 전혀 병을 모르는 건강한 신체로 개선시켰는데, 동시에 순수의식=초의식의 체험, 스트레스의 해소는 물론이고 지성·감성·애정의 강화·애욕·미망의 해소같은 중대한 문제도 이 요복연습법만으로 가능하게 됐다고 한다. 얼마 전까지 살아있었던 초인으로서 또 많은 자료를 남겨놓은 연구자로서 나는 그에게 흥미를 갖고 있는데, 히다식(肥田式)강건술, 천진요법(天眞療法)으로서 이 세상을 휩쓴 그의 방법은 이론상으로나 실천상으로도 매우 단순하고 명쾌한 것이다. 다만, 모든 사람에게 공통적으로 효과가 있는가에 대하여는 여러가지 의견이 있으나 나는 현재 이것을 실험중에 있다. 실험 결과는 아마 얼마후 나타나리라 생각되지만 자료에 의한 판단으로 볼 때, 그는 '진짜'이고 그의 수법은 하루에 1분 정도 단전(丹田)에 힘을 집중시키는 방법뿐이라는 점에서 베이식(Basic)한 것으로 생각되므로 희망을 가지고 있다.

이상과 같이 3가지 실례를 들었지만, 우리들이 이 세상을 크게 보면 하나의 원리·원칙에 의해 움직이고 있음을 알 수 있다. 모든 것을 존재에서 추정(推定)할 때, 창조주가 당연하게 있는듯 하고, 이 세상이 운영되는 기묘함과 오묘함 등을 볼 때, 창조주는 한분이거나 단수(單數)라고 가정하는 것이 타당할 것이다.

또 이 세상이란 결코 복잡하거나 괴상망측한 원칙·원리로 운영되는 것이 아니라 실로 단순, 명쾌하고 누구나가 알 수 있는 원리로 움직이고 있는 듯이 느껴지는 것이다.

이 세상의 현상에는 아직도 알 수 없는 것이 많지만 그것은 우리들 인간의 지적(知的)레벨이 낮기 때문에 현재는 아직 그 단순, 명쾌함에 도달하지 못할 뿐이라고 말할 수 있을 것이다. 히다(肥田)씨가 말하고 있듯이 이 세상에는 기적같은 것이 있을 수 없다. 또 약간 매크로(거시적)로 생각할 때 확실히 설명할 수 없다는 것, 천지(天地)의 원리에 반대되는 움직임이란 마땅히 있을 수 없다고 하는 것이 옳을 것이다.

반복되는 것이지만, 나의 경험이나 지식으로 볼때도 올바른 원리·원칙에 따른 수법은 전혀 무리가 없고 간단하므로 누구나가 실행할 수 있는 것이다. 여기에서 3가지 예를 들었지만, 각 수법을 개발한 여러사람들은 그 개발 과정에서 피투성이의 고통을 감수하고 있다. 그러나 개발된 것은 누구나가 무리없이 간단히 실행할 수 있다. 그리고 효과가 탁월하다. 이것이 진짜거나 베이식한 수법의 포인트처럼 생각된다. 여기에서 열거한 3가지 수법 이외에도 나는 여러가지 '베이식'한 수법을 알고 있는데 그것은 모두가 진짜이고 단순, 명쾌, 간단하며 무리없이 실행되고 탁월하게 효과적인 점이 핵심이라 할 것이다.

이론적으로는 그 이유가 해명되어 있는 것도 있고 안된 것도 있으나, 얼마후 인지(人知)의 발달과 더불어 누구나가 이해할 수 있는 해명시기가 올 것이라고 생각된다. 그리고 경영수법이나 경영법에 있어서도 이것은 같은 것이다. 나 자신의 체험으로 볼 때도, 20여년간 경영이란 세계에서 진실로 전력투구하지 않을 수 없었으므로 매크로에서 미크로에 이르기까지 참으로 여러가지 원리·원칙이나 수법을 발견했다.

그 중에서 진짜와 가짜를 겨우 구별하게 되었다. 수년전의 일이다. 그후 이들의 경영법은 점차 단순화 되어 최근에는 참으로 '기본적'인 것으로 체계를 이루게 되었다. '경영법은 변화에 적응하는 직업'이지만 어떤 변화에도 적응되는 것이 '베이식' 경영법이라고 하는 것도 알게 되었다.

스스로 개발했다고 생각하는 경영법을 철저히 정리해 볼 때, 이 '베이식' 경영법이란 모두가 '천지 자연의 이치'거나 '자연의 섭리'에 따른 상식적인 것일 뿐이라는 것이다. 이미 존재해 있던 것이었다. 그러므로 '후나이식(船井式) 경영법'이라고 해서 큰소리 칠 것은 없는데, 내가 가끔 정리하고 체계화하여 책임을 진다는 의미로 통칭 '후나이식 경영법'이란 단어를 쓴 것임을 이해하기 바란다. 그러므로, 나는 이 후나이식 경영법을 가급적 많은 사람들에게 알리려고 한다. 여러분도 실행하기 바란다.

제 2 장 후나이식 경영법의 구조
─베이식의 원리·원칙 추구로 성립한다─

나는 어렸을 때부터 '소 잃고 외양간 고치기' 식으로 살아온듯 하다. 반성해 보면 계획성이나 선견지명(先見之明)과는 인연이 먼 생활태도였다고 할 수도 있다. 국민학교때는 군인이 되려고 생각했다. 전쟁 중이어서 그들의 당당한 모습이 동경의 대상이 된듯 하다. 수영을 싫어했으므로 육군이 되고 싶었다.

중학교 시절은 농사짓기에 매우 분주했다. 전쟁이 끝나고 식량 부족으로 고생하던 시기였는데도 농업이 좋은 직업으로 느껴지지 못했다. 무엇보다도 농업은 쉴 틈이 없었고 중노동이었지만 경제적으로 여유가 없었기 때문이다. 농사 일을 도우면서 틈틈이 다니던 중고등학교 시절에는 농촌이라는 환경적인 불만때문에 농민운동이나 좌익운동에 흥미를 갖게 되었다. 학교 공부에 대하여는 농사 일때문에 틈이 없었다고 할 수 있다.

농사 일에는 불만이었지만 농업에는 흥미가 있었으므로 대학에서는 농학부를 선택했다. 그러나 대학 3학년 경인 1950년대 초에는 세상 물정에 어두운 나도 앞으로의 공업화 사회속에서 농업에는 가능성이 없다는 것을 알게 되었다. 그러나 변함없이 바쁜 농사 일을 도울 수 밖에 없었으므로 별로 공부할 틈도 없이 농학부를 졸업했다.

졸업 당시는 취직난 시대로, 특히 성적이 나쁜 졸업생은 취직처가 없었는데, 그리고 여기에서 나는 산업심리학을 연구하게 되었다. 23세 경으로 기억되는데, 이때가 처음으로 철저하게 공부한 시기라고 생각된다. 대학 졸업때 까지 제대로 책상 앞에 앉아 본 일이 없는 내가 본격적으로 영어와 독일어의 심리학 원서와 씨름했다.

어쨌던 심리학은 재미있었다. 흥미있는 이론이 머리속을 가득 메웠다. 그때문인지 1년도 채 못되어 심리학을 응용한 '산업이란 메뉴얼'이나 '능률 향상법' 등을 개발하여 국철(國鐵), 사철(私鐵), 오사카(大阪)가스, 히다치(日立)조선 등의 대기업체를 방문하여 어드바이즈하게 되었다.

이러한 과정을 거쳐 1961년부터 경영 컨설턴트의 세계에 들어서게 되었는데, 처음에는 나의 전문인 심리학을 응용한 메이커의 공정관리(工程管理), 능률향상 등 특히 심리학을 응용한 신제품 개발이나 판매촉진에 대한 어드바이즈에 주력했다. 1960년대 후반에는 컨설팅을 나에게 의뢰하는 거래처가 대기업들이었고 경영의 일부분만을 어드바이즈 했을뿐인지 모르나 실수하는 일이 거의 없었다. 혁혁한 성과를 몇가지 올렸다. 그러나 1965~1967년에는 중소기업체들의 경영 전반에 대한 어드바이즈를 맡게 되면서 연속적으로 실패를 거듭하게 되었다.

경영에 대하여는 전혀 알지도 못하는 아마추어가, 당시 경영 컨설턴트업계의 주류였던 미국식 경영학, 특히 세그먼테이션 이론과 상품이나 자금의 회전 강화에 의한 이익증가 이론을 가지고 반강제적인 어드바이즈를 영세기업체들에게 실행하였는데 지금 생각하면 기가막힌 사실이다. 그래서 몇개 회사가 도산하게 되었는데 나는 처음으로 경영 컨설턴트의 중대한 역할을 재삼 인식하게 되었다. 이때 잘못된 어드바이즈때문에 손해를 본 거래처에는 나의 개인 재산을 투입한 일도 있다. 1개월 중 수일간만 귀가하고 고문 거래처를 위해 전력투구했다. 또 모든 경영법과 경쟁법에 관하여 몰두했다. 동시에 한가지씩 현실적인 결과를 부가시키면서 연구를 거듭했다.

괴로운 일이었으나 즐겁기도 했다. 여러가지 경영수법이 머리 속에서 정리된 것도 이때다. 말하자면, 이때부터 정확하게 1967년 10월 이후 나는 이제까지 철저한 긴장 속에서 진실로 경영과 경영법에 전심전력 노력했다. 나의 입장상 그러지 않을 수 없었다고 하는 것이 옳을 것이다.

그리하여, 현재 '후나이식 경영법'이란 것이 서서히 완성된 것이다. 그 후, 1970년도에 나는 몇몇 동지들과 함께 경영컨설턴트 회사를 창립하고 사장에 취임했는데, 자기가 체계화 하고 만든 경영법을 이번에는 자기 회사에서 여러가지로 실험할 수 있게 되었다. 처음 몇년간은 정직하게 말해서 실패와 성공을 반복했고 1년 동안에 평균 하나 정도로 실패했다. 그래서 우리 회사는 현재까지도 소기업을 면치 못하고 있다. 그러나 한편 그 덕택으로 고문을 맡고 있는 거래처에의 어드바이즈는 1975년경 이후부터 한단계 높은 수준으로 탁월해졌다. 성공에 대한 자신감이 없을 때는 권장하지 않기 때문이다.

그간 너무 장황하게 자기 문제만을 설명한 것 같은데, 이상이 솔직한 나의 반평생 모습이고 후나이식 경영법이 만들어진 과정이다. 그것은 아무리 생각해도 '소 잃고 외양간 고치기'의 인생같이 느껴진다. 다만 계획적이 아니었는지 모르나 타인과의 약속만은 철저히 지켜 왔다. 이것은 신용이나 인맥 조정에서 크게 도움이 된듯 하다.

그런데, 1984년 7월부터는 생각하는 바가 있어서 나는 계획적으로 살기로 결심하고 실천하기 시작했다. 이것도 내가 만든 경영법이 체계화 됐다고 생각한 때문인데, 소위 베이식 경영법＝후나이식 경영법의 한 실험으로서 '계획적으로 살수 있는 능력이 있을 때는 계획적인 편이 발전된다'‘계획적으로 살 수 없을 때는 계획적으로 살려는 뜻을 가진 편이 발전된다'고 하는 원리를 자기 회사를 실험장으로 증명하려고 생각하고 있다.

여기에서는 이제까지 설명한 지난날의 과정 중에서 ‘후나이식 경영법’이 어떤 구조로 구축됐는가를 패턴화(化)시킴으로서 독자들의 이해를 얻고저 한다.

1. 모든 현상을 전부 긍정하자
−납득하거나 못하거나 현상은 진실이다−

나는 얼마전(1988년 1월 10일) 생일을 맞아 두 사람으로부터 선물받은 일이 있었다. 이날 받은 생화 중에는 튜립, 가스미, 카트리아 등이 있었는데, 이들 꽃은 보통 4∼5일간 싱싱하다가 대부분 시들해지는 것이다. 그러나 파이 워터를 혼합시킨 물을 넣은 꽃병 속에 이 생화를 넣었더니 신선도가 몇배 연장되었다.

나는 10여년 전부터 오까야마(岡山)현 신껭(新見) 근방의 산속에서 나오는 불가사의한 물에 대하여 소문을 들은바가 있었다. 그 물을 마시면 병이 낫거나 피부에 바르면 피부병이 해소된다고 하는 것이다. 또 이 물로 물고기를 양식하면 단시간에 성장이 빨라진다는 것이다. 어쨌던 오까야마현(岡山眞)에서 음료수로 인정받았다고 하므로 마셨더니 매우 물맛이 좋았다. 특히 커피나 술에 혼합시켰더니 기가막히게 좋은 느낌을 갖게 되었다. 더구나 이 물은 몇년간 방치해두어도 냄새가 없고 썩지도 않았다.

그뿐만이 아니고 이 물속에 쇠붙이를 넣어도 몇년간 녹쓸지 않고 물이 탁하지도 않다. 꽃병 속의 생화에도 이 물을 쓰면 오랫동안 물이 맑고 악취도 없다. 꽃병의 생화는 꽃밭에 있을 때처럼 장기간 싱싱하다. 이것은 나 스스로가 경험한 현상(現象)이다.

이 물이 파이워터의 일종이고 시중에서 판매되고 있는 인공적인 파이 워터로 만든 것을 2년 전에 알게 되었다. 그리고 이것을 개발한 분이 나고야(名古屋) 대학 농학부의 야마시타 쇼찌(山下肥治)박사란 사실도 알게 되었다.

'파이워터'의 효과와 그 이론적 근거에 대하여는 확실히 알 수 없으나 어쨌던 음료수로서도 좋을 뿐만 아니라 꽃병 속의 생화나 화분의 식물에도 절대적인 효과가 있는 것만은 현상적(現象的)으로 증명되고 있다.

현상(現象)이란 진실이다. 나는 모든 현상을 긍정하는 것이야말로 인간에게 있어서 필요할 뿐만 아니라 올바르다고 강조하고 싶다. 얼마전 쓰쿠바(筑波)에서 개최된 과학박람회에서는 토마토 한 그루에서 1만 몇 천개의 열매가 열렸다고 해서 화제가 된 것이 '하이포니카 농법(農法)'이다. 이 농법은 내가 잘 알고 있는 노자와(野澤重雄)씨에 의해 개발된 것이고, 이미 20여년이 넘었는데, 현재는 정통적인 생물학이나 유전학 이론과 맞지 않는다는 이유로 많은 학자나 농림수산부 담당자는 이 농법에 부정적이다.

나는 과거의 정통적인 이론보다도, 한 그루에서 토마토가 1만 몇 천개, 오이가 8천여개, 가지가 수천개씩 열매가 생긴다는 사실과 어떤 식물도 이 하이포니카 농법으로는 어떤 요인에 의해 성장이 중단할 때까지는 발육이 계속되며, 성장이 중단된 후, 처음으로 노화(老化)가 시작된다는 사실적인 현상이 무엇보다도 중요하다고 생각된다.

하이포니카 농법을 잘 알고 있는 나로서, 독자들에게 말하고 싶은 것은 '이론이란 현상을 정리하여 만드는 것이며 현상이 있으므로서 비로소 처음으로 이론이 완성된다'는 사실이다. 따라서 이제까지 정통적인 이론으로 인정되었다 하더라도 설명할 수 없는 현상이 출현했을 때는 그 이론이 잘못된 것으로 취급되어야 한다. 잘못이 없다고 주장하려면, 특정 조건하에서는 어떤 조건부 폐쇄계(閉鎖系) 중의 이론이란 것을 밝혀야 할 것이다.

원래 이 세상의 발전이란 것은, 폐쇄적 발상으로부터 가능한 한 여러가지 조건을 제외시켜 보다 개방적 발상으로 진행하는 것이 올바른 것이므로 예상치 못한 현상의 발견이야 말로 기뻐할 일이고, 이것들을 포괄적으로 이론화 하는 것이 옳다고 나는 생각하고 있다.

이어서 재미있는 현상을 한가지 알아보자. 현재 경영인 사이에서 붐을 이루고 있는 직감력에 대하여 내가 몰두하고 있는 대처 방법을 기술해 보자. 나의 사회적 활동에서 특성 중 하나에 '광범위한 인맥'이 있다. 어쨌던 직감력에 뛰어난 친구가 나에게는 많다. 그중에도 일반 상식인들에게는 이상하게 보이겠지만, 세이끼(政木和三)씨와 촬스·난씨는 뛰어난 분들이다.

세이끼박사는 일본 제1의 발명가라고 말할 수 있다. 현재 오까야마(岡山)에 본부를 두고 있는 임원(林原) 생물과학연구소의 고문으로 있는데, 수년 전까지도 오사카 대학의 공작센터 책임자로서 유명했던 분이다.

그의 발명은 800여건에 이르고 있는데, 최근 수년간은 매년마다 4~50건의 특허를 출원하고 있고 얼마전 만났을 때도 2~3일 동안에 5개의 특허를 신청했다고 말하고 있었다. 이 세이끼씨의 발명품 중에 가정용 저주파(低周波) 치료기인 '헬즈업'이 있다. 아픈 환부에 대기만 하면 통증이나 피의 응고같은 것이 해소되는 기기(機器)인데, 그는 '그리스도처럼 손을 대기만 하면 병이 완치되는 것을 만들라. 그리스도는 초능력자지만 일반인에게도 같은 힘을 얻을 수 있는 것을 만들라'는 어떤 절대자=신

(神)과 같은 존재로 부터 지시받은 영감에 의해 머리속에서 설계도가 떠올랐고 여기에 2차, 3차의 수정을 가해 10분 후에 완성품의 설계도를 얻게 되었다고 말하고 있다.

그에 의하면 '헬즈업'과 마찬가지로 8백여건의 발명품 모두가 영감(靈感)에 의한 것이라고 하는데, 얼마전 판매가 시작되었던 '바이오라이트'에 대해서도 그는 다음과 같이 술회하고 있다.

"최근 신제품으로서 '바이오라이트'라고 하는 전기 스탠드가 있다. 이 스탠드의 개발도 의식적인 연구로 만들어진 것이 아니고 하야시 하라(林原) 생물과학연구소의 하야시하라(林原) 사장이 어느 주간지를 가지고 나의 연구실에 찾아왔을 때 말 한마디가 출발점이 되었다.

'발명왕 에디슨이 태어난 고향에서는 전구(電球)를 상당히 장기간(20~30년) 쓸 수 있다는 것이 주간지에 실려있다'. 그리고 그 원인은 현재도 직류전원(直流電源)에 의해 불이 켜진다고 써 있었다. 이 기사가 계기가 되어 전구를 장기간 이용하는 실험이 시작되고 특수 스위치에 의해 일본에서도 20년 정도 전구를 쓸 수 있는 방법이 발견됨과 동시에 전구를 매우 밝게 하는 방법, 가정용 100V 전원에서 보통의 40W 전구로 2배 이상 밝은 것을 개발했다.

또, 인간의 눈에 가장 바람직한 빛이란 무엇인가를 연구한 결과 아침 태양 빛과 비슷한 스펙트로 빛을 실현시켜 획기적인 전기 스탠드인 바이오라이트가 완성되었다. 국민학교 학생이 이 스탠드를 몇개월간 사용한 결과 시력이 매우 호전되었다는 부모로 부터의 보고가 있었다.

최근에 보급된 형광등은 전력을 절약시킬 목적으로 개발된 것이다. 백열 전구는 전력의 몇 % 빛만을 만들지만, 형광등은

10％ 가까이 되어 인정받았다. 그러나 빛의 스펙트로는 일부 밖에 없고 청색이나 녹색과 같은 형광물질이 갖고 있는 빛 밖에는 발광되지 않는다. 형광등만으로는 식물을 성장시킬 수 없고 동화(同化) 작용에는 가시(可視) 광선 외의 적외선이 필요한 것으로 알려지고 있다.

인류의 발생부터 3백만년, 동물의 탄생부터는 수억년 동안 생물은 태양의 빛 아래서 살아왔다. 이것이 돌연, 인간의 지혜에 의한 빛으로 변화되었다. 더구나 교류(交流) 전원에 의한 점등때문에 1초간 100회~120회 정도 깜박거리는 빛을 사용하므로서 시신경의 피로가 심해지고 시력이 점차 저하되는 것이 당연하다.

이 자연광에 가까운 빛의 전기 스탠드로 어린이가 공부하게 되면 태양광과 같으므로 눈은 자연스럽게 좋아지는 것이다. 또, 성인들도 이 바이오라이트로 독서하면 2~3시간 정도에서 피곤감을 느끼지 못하는 것이다. 이 바이오라이트는 교류를 직류로 만들었으므로 깜박거리는 원인이 전혀 없고 필라멘트(Filament)의 온도를 높이기 때문에 고온복사(高溫輻射)가 되어 태양광과 비슷한 것이다."

어쨌던 세이끼(政木) 박사는 거짓말을 할 사람이 아니며, 그 발명의 질(質)이나 수량으로 보아도 이 어떤 '신적(神的) 존재로부터의 지시로 계속 발명을 계속하여 왔다'는 그의 말을 하나의 현상으로서 긍정하지 않을 수 없다. 이것은 그와 친교를 맺고 있는 가까운 모든 사람들의 총체적인 의견이기도 하다.

또 한 분, 나의 친구인 촬스 · 난씨는 CAI(The Center For Applied Intuition : 응용직감력연구소) 소속의 직감(直感) 스페셜리스트이다. CAI 소장인 윌리암 · 가우츠 박사도 나의 친구이고, 나와의 공저(共著)인《비즈니스를 활성화하는 직감력 연구》(PHP연구소 간행)도 있다. 이 분은 컴퓨터 연구로 학위를 받은 학자이지만, 현재는 미국에서 직감력 연구의 제1인자이다. 이 가우츠 박사가 '미국에서도 우수한 직감력 소지자'로 촬스·난 씨를 나에게 소개했다.

촬스·난 씨는 누군가가 질문하면 그것이 어떤 질문일지라도 그 질문에 자기 의식을 집중시킨다. 그러면 과거의 문제거나, 미래의 문제거나 그의 입에서 계속적으로 그 질문에 대한 해답이 나온다. 더구나 그 대부분＝90％ 이상이 정확하므로 누구나가 경탄을 금치 못한다.

가우츠 박사로부터 촬스·난 씨의 능력을 듣고 나도 그에게 질문하는 기회가 있었고, 많은 친구들을 그에게 소개하고 질문하도록 한 적이 있었다.

그런데, 미국에 에드거·케이시란 사람이 있었는데, 최면상태의 케이시에게 질문하면 계속적으로 해답이 나오고 그 해답의 거의 100％가 정확했다고 한다. 너무나도 정확하였으므로 1923년부터 1944년 까지 사이에, 케이시가 질문에 대해 답변한 1만 4천여 건의 모든 이야기가 속기로 기록되어 현재는 버지니어 비치의 케이시기념관에 보존되고 있다.(그는 1877년에 태어나 1945년에 사망했는데, 그가 최면상태에서는 모든 질문에 정확히 대답했던 것 같다.)

촬스·난 씨는 최면상태에 들어가지 않아도 케이시처럼 모든 질문에 답변할 수 있었고 더구나 대부분 정확하므로 경이적인데, 어떻게 하여 그가 모르는 것도 대답이 가능한가를 그에게 질문했다. 그의 대답은 '의식을 질문에 대해 집중시키면 신(神)과 같은 존재가 정보(답)를 가르쳐 주는 것이지요'라고 말했는데, 세이끼(政木)씨나 난씨를 보통의 상식인이 보면 참으로 불가사의하게 느낄 것이다.

그러나 현실적으로 나는 그들과 친구 관계이고 이제까지 기술한 여러가지 경험도 사실상 체험했다. 이 현상은 긍정하지 않을 수 없는 것이다. 이와같은 능력이 직감력이라고 하는데 인간이면 누구에게나 있는 잠재된 능력이며, 개발하면 누구나가 발휘할 수 있다는 것을 알게 된 것은 최근의 일이다.

내가 확립한 경영법=베이식(기초적) 경영법=후나이식 경영법이란 것도 '납득하거나 말거나 현상이야말로 진실이다'라는 것에서 출발되며, 모든 현상과 통용시키기 위해 우선 모든 현상을 긍정하면서 포용적(包容的)인 공통원칙의 탐색부터 시작하게 된 것이다.

따라서 파이워터나 하이포니카 농법도, 세이끼(政木) 선생이나 난씨, 그밖에 경험한 모든 현상이나 현존하는 현상의 모두를 우선 긍정하고 포용하는데서 부터 시작하는 것이 후나이식 경영법의 제1보라고 생각한다. 특히 경영 컨설턴트로서 현재까지 수천개 회사와 여러가지 종류의 고문 역할을 맡으면서 알게된 경영 현상 등을 긍정하고 포용한 결과로 떠오른 것이 후나이식이라는 기초적 경영법임을 이해하기 바란다.

2. 모든곳에 통용되는 베이식(기초적) 규정의 책정
   ─직감력이란 '일체의 사고(思考)력 없이 순간에 올바른
   해답을 아는 능력'─

모든 현상을 긍정하고 그것을 포용(包容)만 해서는 실생활에의 응용이 불가능하다. 경영에 있어서도 똑같다. 여기에서 모든 현상에 통용되는 베이식(기초적) 룰(규정)을 책정할 필요가 있다. 물론 이 룰이 과학적으로 증명된다면 더욱 좋겠지만, 과학

이 아무리 발달되었어도 나타나고 있는 모든 현상(現象) 중에서 극히 일부분 밖에 과학 수준으로 해명할 수 없으므로, 당연히 이 룰이란 것도 가설(假說)이 되지 않을 수가 없는 것이다.

여기에서는 무엇보다도 모든 현상에 통용되는 규정일 필요가 있는데 그 규정의 정부(正否)에 대한 증명이나 연구는 '그 뒤에 라도 관계없다' 라는 후나이식 사고방식이 여기에서 만들어진 것이다. 현실적으로 우리들은 매일 매일 원만하게 살아가야 하므로 이것은 어쩔 수 없다고도 할 수 있다.

예를들면 세이끼(政木和三) 박사나 촬스·난 씨의 말과 같이, '신(神)과 같은 존재가 가르쳐 주고, 정보를 제공해 준다'는 현상이 이 세상에 있다 하더라도 누구도 신을 본 일이 없고 그 존재가 과학적으로 증명되지 못한다.

그런데, 나같은 사람도 경영이란 한계에서 많은 회사나 공장, 또는 백화점을 방문하여 의식을 집중시키면 누가 가르쳐 주지 않아도 그 기업체의 문제점이나 개선책, 방향을 분명히 알 수 있는 능력이 있다. 이같은 능력을 터득한 것은 10년 전쯤 되는데, 이때 알게 된 것과 상반되는 것을 일부러 시험적으로 해보았다. 그러나 이 경우는 100% 실패했고, 경험에서 알게 된 것을 실천하여 실패한 일은 전혀 없었다.

분명히 말해서 이같은 능력을 알기 시작했을 무렵에는 자기 능력에도 의문이 생기고 자신감을 가질 수 없었으므로 자기 회사나 산하에 있는 자회사(子會社)에서 여러가지를 실험했다. 말하자면, 알게 된 사실의 반대 행위로서 실패의 실험을 의식적으로 경험해 본 것이다. 그래서 10개 이상의 자회사도 만들었다.

자기 책임하에 실험하는 만큼 실패해도 고문을 맡고 있는 거래 회사에는 손해끼치는 것이 아니란 발상이었는데, 여기서 여러가지 사실을 알게 되었다. 그래서 최근 4~5년 전부터는 '내 직감력

은 틀림없다'라는 자신감이 붙었고 '어떻게 알수 있는가'에 대한
이론적 해명도 나왔으므로 최근에는 실험을 중단했고 자회사도
정리중에 있으나 지금 생각해 보면 불필요한 낭비였다고 생각한
다.

　이같은 과정을 밟았으므로 최근에는 누가 가르쳐 주지 않고
생각하지 않아도 올바른 해답을 알 수 있는 능력이 '직감력'이다
라고 정의하고 그것을 규격했고, 세기끼(政木)씨나 난 씨의 능력
도 '직감력'에 포함시켜 설명하게 되었다. 이렇게 되면 모든 것이
부담없이 설명되고 납득되기 때문이다.

　그 이유는, 미국에서 직감력 연구의 제1인자로 알려진 윌리
암·가우츠 박사와 친분을 갖게 되고 그의 10여년이 넘는 연구성
과를 거의 알게 되므로써 내 나름대로 인간의 능력에 대한 체계
화·규격화가 만들어졌기 때문이다. 이것을 다음에 설명키로
한다.

　나는 인간적인 능력=다른 동식물에는 거의 없고 인간에게만
존재하는 능력은 크게 세가지가 있다는 점에서 부터 룰화를 시작
했다.

　그중 하나는 지식을 획득할 수 있는 능력이다. 여기에는 배우
고 일하며, 경험에서 얻게 되는 단순히 안다는 능력과, 약간의
응용력도 포함된다고 이해하면 된다. 다만, 이 능력이 아무리
있다 하더라도 이것만으로는 미지(未知)의 세계에 대처할 수
없고 훌륭한 삶을 영위할 수가 없다.

　두번째는 지혜를 얻는 능력이다. 이것은 발상(發想)할 수 있고
규격화 하며 그리고 여러가지를 포용하여 훌륭하게 살려고 노력
하므로서 얻어지는 능력이다. 지혜라고 하는 것은 지식과는 달리
모르는 것도 대답할 수 있고 충분히 대처할 수 있는 능력이라고

이해하는 것이 옳다. 이 능력이 우수하면 매우 슬기롭게 인생을 살아갈 수 있다. 그러나 완벽한 것은 아니다.

세번째는 직감력(直感力)이다. 이것은 지식과 지혜의 획득에 충분히 숙달되어 있고 또 세상을 위해, 인간을 위한 생활태도를 갖기 위해 노력하고 실천하면서 더 나아가서 자기에게도 직감력이 있다는 것을 자각하고 그리고 직감력을 얻기 위한 수법을 알고 실천하면 누구나가 갖게 되는 능력이다.

직감력이란 사고(思考)하지 않고 순간적으로 올바른 해답을 얻는 능력이며, 여기에 숙달되면 과거의 경험이나 지식과는 관계없이 어떤 문제도 올바르게 해결하는 힘(능력)이라고 이해하기 바란다.

이것은 이 세상에 충만되고 있는 초의식(超意識 : Super consciousness) 에 접근하므로서 발로되는 능력인데, 이것은 누구나 갖고 있는 능력이고, 이미 윌리엄 · 가우츠 박사는 그 개발 훈련 세미나를 실행하고 있다. 또 나도 작년부터 '직감력 연구 포럼(Forum)'을 주최하고 유능한 경영인을 대상으로 이론에서 방법까지 연구회를 개최하고 있다.

초의식이란 어떤 것이고, 또 직감력을 갖게 되는 프로세스나 직감력의 정의 등에 대하여는 앞에서 소개한 가우츠 박사와의 공저인《비즈니스를 활성화 하는 직감력의 연구》에 상세히 설명되어 있다. 요컨대, 세이끼(政木) 씨의 발명 능력, 난씨의 모든 질문에 대한 해답력, 그리고 나처럼 경영에 관한 올바른 지침 등을 즉시 알수 있는 힘…… 이같이 이상한 것을 초의식과의 접촉을 통한 인간 능력이란 점에서 긍정하고 포용하며 모두에게 통용되는 룰을 만든 것이다. 이같은 방법이 후나이식 룰 책정법이며, 그것이 후나이식 기초적 경영법의 규격만들기 방법임을 알기 바란다. 이것은 습관화 되면 별로 어려움이 없다.

하나의 구체적 예로서, 이제까지 설명한 인간 능력에 대하여 '기초적인 규격'으로 정리하면 다음과 같이 될 것이다.

"인간에게는 탁월한 지식력·지혜력·직감력이라는 인간 특유의 능력이 있다. 이 중에서도 가장 고도의 능력이 직감력인데, 이것은 초의식과 접촉함으로서 발로되는 능력이다. 환언하면, 직감력이란 5감을 통하지 않고 또 생각하는 일 없이 순간적으로 얻어지는 초의식이 가지고 있는 올바른 정보를 얻는 능력인데, 그 특징으로 초의식에는 모든 과거에서 장래에의 진실이 저장되어 있으므로 시공(時空)을 초월하여 해답을 알 수 있는 것이다" 라고.

이상은 인간의 능력이라는 하나의 큰 원리를 상당히 구체적으로 규격화 한 예인데, 나의 경험으로는 대원칙이나 대원리에 가까워지면 가까워질수록 규격은 단순해지고 모든 것에 통용하게 된다고 말할 수 있을 것 같다.

여기에서 약간 나의 규격화 된 구체적 실례를 들기로 한다.

(1) 어떤 문제나 근원적, 매크로적(거시적)으로 생각하는 것이 좋다.

(2) 이 세상에 존재하는 것의 근원은 모두가 생명체이다.

(3) 생명체의 목적은 그 본질체=본질을 이루는 것=의식체(意識體)의 발전이다.

(4) 모든 생명체의 본질은 생성(生成) 발전중에 있다. 우주도, 인간도, 동식물도 그 의식은 발전하고 있다.

(5) 인간으로서 태어난 이상, 인간성의 향상에 전력투구하지 않으면 안된다. 그것은 애정·감성·지성을 보다 크게 확충하고 자기 욕망과 미망을 없애도록 노력하는 것이다.

(6) 우리들 인간이 살아있는 동안에 해야 될 구체적인 것은 다음의 세가지인데, 여기에 도전하면 인간성이 향상된다.

첫째는, 직감력을 갖도록 한다.

둘째는, 천지 자연의 이치=이 세상의 원리=자연율을 아는 것.

셋째는, 자연율에 따라서 행동을 하고 행운의 인생을 보내며 좋은 인상(용모)을 갖도록 한다.

(7) 기업체의 첫째 존재 목적은 사회성의 추구(세상을 위해, 인간을 위한 것)이고, 둘째는 교육성의 추구(인간성의 향상)이다. 그 결과로서 제3의 목적인 수익성(收益性)을 얻을 수 있다.

(8) 기업체 뿐만 아니라 조직체의 운명은 최고 경영자에 의해 99.9% 결정된다(경영중인 업체가 성장하느냐 못하느냐 하는 것은 그 업종이나 업태에 의해 결정되는 것이 아니라 운영의 수뇌부에 의해 결정된다. 업적이 신통치 못한 기업도 최고 경영자가 유능한 사람으로 바뀌면 즉시 호전된다).

반복되는 이야기지만, 특히 강조하고 싶은 것은 올바른 룰(규범), 올바른 요령, 올바른 수법일수록 단순 명쾌하고 무리가 없으며 간단히 실행될 수 있는 것이다. 나의 경영법이나 어드바이즈는 점차 단순하고 명쾌하게 그리고 무리없이 실천되게끔 되어 있으므로 나로서는 이것이 올바른 방향으로 발전되고 있다고 생각하고 있다.

3. 기초적인 룰(규범)에서 우선 결론을 추정한다
—좋은 일, 나쁜 일, 성공, 실패의 결론은 간단하다—

최근 2~3년의 경향을 볼 때, 나의 어드바이즈를 요청하는 경영자의 질문 중에서 가장 많은 것은 현상을 어떻게 개선할 것인가 하는 것이다. 전체적인 질문의 60~70%가 여기에 집중되고 있다. 이것은 현재, 몸이 불편한 상태이므로 질병 상태를 설명하고 그 치료법을 설명해 달라는 것이고 경영 컨설턴트가 비즈니스 닥터(의사)라고 불리우는 것도 이점에서 이해될 수 있다.

그러나 기업 경영에서 가장 중요한 것은 인간의 몸과 같이 질병에 걸리지 않게 해야 된다는 것이다. 그러기 위해서는 질병의 예방과 같이 건강하고 아름다운 몸을 유지하도록 노력하는 것이 가장 올바르다고 할 수 있다.

사실, 우수한 경영자들의 나에 대한 질문은 현상을 개선하는 수법보다도 앞으로의 방향성(方向性), 신규 사업에의 전망, 신규 사업에의 참여 여부 등에 관심이 증가되고 있다. 소위 기업의 미래를 생각하여 '이 사업을 할 것인가, 아닌가' 또는 '성공하느냐 못하느냐' '현상까지의 준비로 실패한다면, 어떻게 해야 성공하는가'와 같은 점에 대한 어드바이즈가 최근 컨설팅 전체 의뢰 중에서 30% 정도 증가하고 있다.

이같은 경우에는 가급적 근원적인 것부터 생각하는 것이다. 우선 매크로로 생각하는 것이 좋다. 이 사업이 '성공하는가 못하는가' 보다는 '이 사업을 할 것인가, 그만 둘 것인가'가 근원적이고 매크로적이므로 우선 이것부터 생각해야 된다.

먼저, 새로운 사업을 실행할 것인가 말것인가인데, 나는 누가 생각하더라도 이 사업이 세상을 위해서 또 인간을 위해서 필요한 것이라면 즉시, 그에게 '실천하는 것이 좋다'고 말하고 있다. 필요야 말로 최대의 존재 이유이기 때문이다. 그러나 참으로 필요하느냐에 대해 의문이 있을 경우는 다음의 2가지 조건을 첵크하고 만족스러우면 그 사업을 하도록 규격화 하고 있다. 반대로 둘

중 하나라도 부족되면 그 사업에 착수하지 말것을 권하게 된다. 이것이 '사업 참여의 2가지 조건'이다.

(1) 평균 이상의 지적 레벨을 가진 사람이면 누구나가 사업목적을 간단히 이해하고 객관적으로도 그 사업을 응원하려고 생각한다.

(2) 사회성, 교육성이라고 하는 기업경영의 2대 목적을 강력히 추구할 수 있다.

그런데, 다음은 '성공하느냐 못하느냐' 인데 이것이 신규 사업 참여의 핵심이 된다. 성공이란 것은 '성장성과 수익성이 있으며 이것들이 실현된다'고 하는 것이다. 여기에는 다음의 5가지 포인트(핵심)가 있는데 이 5가지가 전부 구비되지 못하면 출발하지 말아야 한다는 것이 나의 생각이다.

이 신규 사업 성공의 5가지 포인트는 다음과 같다.

(1) 회장이나 사장 등의 최고 경영자가 철저하게 이해할뿐 아니라 자신감을 가지고 그 사업을 실천할 의욕이 있다.

(2) 배수진을 치고 죽을 힘을 다해 그 사업을 추진하려는 담당 책임자가 있다.

(3) 경쟁자의 존재를 생각할 수 있는데, 장래 경쟁 관계에서 1등이 되고 그것을 유지할 가능성이 있다.

(4) 기본적으로는 그 사업을 함으로써 그 사업에 직접 관여하는 사람, 또는 주변 사람들이 즐겁게 된다. 또 발전적이며 행동적인 인생을 보내게 된다.

(5) 만일, 실패했을 경우라도 제3자에게 피해를 주지 않고 플러스 발상으로 끝마무리가 완벽하게 된다.

이와같은 룰을 제시했는데, 이것이 제3자를 말려들게 하는 신규 사업에 있어서 참여 여부의 원칙이라고 생각하면 오히려 간단하고 알기 쉽다는 것을 이해할 수 있을 것이다.

나 자신도 여기에 기술한 룰에 따른 어드바이즈로 실패한 일은 전무(全無)하므로 독자들도 꼭 이것을 활용하기 바란다.

그런데, 인간을 생각할 때 하고 싶은 것을 하는 사람일수록 행복한 것이다. 그러나 보통 사람들은 사회적 동물이므로 하고 싶은 것도 제약때문에 매우 어렵게 되어 있다. 그러므로 하고 싶은 것이 있을 때는 어떤 생각으로 대처할 것인가에 대한 스스로의 룰을 제시하려고 한다.

(1) 하기 싫은 것을 하는 것은 절대 금물이다. 따라서 하기 싫은 것을 하면 안된다. 한편, 하고 싶은 것이 있는 경우, 그것이 자기를 위해 플러스가 될 자신감이 없을 때는 결코 실천하지 말것.

(2) 자기에게 플러스가 될 때도, 자기 행위에 의해 주변 사람들에게 폐를 끼칠 가능성이 있으면 하지 말아야 된다.

(3) 위의 (1) (2)를 지킬 수 있는 자신감이 있더라도 만일의 경우, 타인에게 폐를 끼치지 않을 자신감과 대책을 강구한 뒤가 아니면 실행해서는 안된다.

이 조건이 너무 가혹할 것 같으나, 그래도 세상을 알게 되고 능력이 붙게 되면 하고 싶은 것이나 가능한 일들이 점점 증가되는 것이다.

어쨌던 이제까지 기술한 것처럼, 인간이란 무엇이고 기업이란 어떤 존재여야 되느냐를 근원적, 매크로적으로 생각하고 룰화시키면 신규 사업에의 참여가 옳으냐의 여부, 성공과 실패의 결론은 오히려 간단히 나오게 된다. 그리고 그것이 베이식(기초적)

경영법의 장점임과 동시에 특성이라고도 할 수 있다는 것을 반드시 이해하기 바란다.

4. 바람직한 결과를 위한 구체적 방법의 실시
― 마케팅적으로 구체적 방법은 5가지 뿐이다 ―

이제까지, 모든 현상을 긍정하고 기초적인 원칙을 만들며 그 원칙에 따라 우선 결론을 추정할 수 있다는 점까지 설명했다. 여기에서 나쁜 결론이나 좋지 못한 결론이 나오게 되면 그것은 중단하면 되는 것이다.

독자 중에는 '머리속의 생각만으로 또는 원칙에만 치우쳐서, 실천도 없는 결론이 무슨 소용이 있는가'라고 말하는 사람이 있겠지만, 발명가나 경영자나 예술가도 프로급 수준에 이르면 하나 하나 실행해 보지 않고 머리속 생각만으로 추정이 가능하고 올바른 결론까지 도달할 수 있을 것이다.

이 프로적인 두뇌에서 추이(推移)되는 과정을 정리한 것이 올바른 원칙이고 룰이라고 생각하기 바란다. 따라서 경영의 프로가 만들어 낸 경영법에 비춰보면 경영의 결론이 추정(推定)될 수 있는 것이다.

여기에서 프로=전문가를 어떻게 생각하여야 되느냐에 대하여 약간 설명하려고 한다. 나의 생각으로는 아무리 여건이 나쁜 상태에서도 비전문가=아마추어의 최고 상태에 비해 손색없게 실력을 발휘할 수 있는 사람인 것이다.

프로는 전문분야에 있어서 요령을 터득하고 있는 동시에, 최고의 지혜력 수준을 유지할 만큼 뛰어난 통찰력을 갖고 있다. 그리고 때로는 직감력에서는 뛰어나다.

어쨌던 프로란 것은 요령을 체득하고 전문 분야에 대해서는 통찰력으로서 문제에 대한 추이(推移)를 꿰뚫어 볼 수 있는 사람인 것이다. 머리 속에서 정확한 결과를 알 수 있는 사람이라고도 말할 수 있다. 따라서 개인적으로 말하면, 올바른 룰이거나 포용적인 룰을 만들 수 있는 것은 프로의 수준에 도달한 사람이거나 직감력 있는 사람이 아니면 불가능하다고 말해도 될 것이다. 비전문가는 아무리 노력해도 미크로(미시)적인 룰이나 현상의 인지(認知)만으로 끝나며 모르는 것까지도 포용할 수 있는 룰을 만들기는 어려울 것이다.

본론으로 되돌아 가서, 이상과 같은 이유에 의해 나쁜 결론이 나오면 중지하거나 처음부터 시작하지 않는 것이 좋을 것이다. 한편, 좋은 결론이 나오면 그 결론을 실천하기 위한 구체적인 방법을 실천하면 된다고 말할 수 있다. 그런데, 기본적(베이식)으로 생각하여 경영법을 만들고 방법을 강구하며 또 끝가지 파고 들면 이 구체적 수법도 사실상 간결해진다. 그리고 단순, 명쾌, 누구도 무리없이 실행할 수 있도록 참으로 머리를 쥐어짜게 만드는 것이다.

예를 들면, 경영상 좋은 결론을 나오게 하는 마케팅 수법이란 것이 후나이식 경영법에서는 현재까지 다음의 5개 밖에 없으나 장래에는 다소 감소될 가능성이 있다고 할 수 있다.
(1) 즉시 업적 향상법
(2) 고밀도법(高密度法)
(3) 1등법
(4) 포용성(包容性) 방법
(5) 셰어(시장점유율) 향상법
이것을 이론화 시켜 기억하는 것은 불과 하루면 충분하고 무리없이 실천할 수 있으므로 즐거운 것이다. 이들 갖가지 수법에

대하여는 나의 다른 저서에서 언급한바 있으므로 여기서는 생략
하지만, 좋은 결론을 실현하기 위한 구체적 방법을 강구하고
기업체를 성공의 연속상태에 두는 것이 후나이 경영법의 목적인
데, 이것은 이미 몇년 전에 완벽한 경지에 이르렀다고 생각하고
있다. 이 프로세스에서 완성된 경영법의 구조란 것은,

  (1) 모든 현상의 긍정
  (2) 어디에나 통용되는 룰(규범)의 책정
  (3) 그 룰에서의 결론 추정
  (4) 좋은 결론을 위한 베이식(기초)적인 수법의 실천……
등이다.

  나는 이 구조야 말로, 인간이 지혜는 있으면서도 만능일 수
없는 생물이란 것, 그러면서도 한없이 안정과 향상을 추구하고
있는 생물에게 있어서 기초적, 능률적인 구조가 아닌가 하고
생각한다.

  어쨌던 나는 이런 과정을 경험했으므로, 현재 기업에 몸 담고
있는 분들에게 '베이식 경영법'을 권장하고 싶은 것이다. 이 방법
은 훌륭하게 살 수 있는 길이고 오늘과 같은 혼미의 시대에도
즐겁게 효율적으로 극복할 수 있다고 생각하기 때문이다. 약간
지나치다고 생각할지 모르나 한 프로 경영인의 진지한 의견을
너그럽게 이해해 주기 바랄 뿐이다.

제3장 베이식 경영은 매우 간단하다
─기초적인 조건만 갖추면 누구나 성공한다─

　내가 사장인 회사=(주)후나이(船井) 총합연구소는 싱크탱크 (두뇌집단)겸 경영 컨설팅을 주업(主業)으로 하는 회사다. 약 200명의 사원이 있는데, 대부분은 경영 컨설턴트들이다. 현재 고문을 맡고 있는 거래 회사는 1천 5백여 개사인데, 그 중에는 외국 기업도 많고 다종다양하게 많은 업종·업태의 기업들이 거래선이다. 이들로 부터 연간 수천건의 컨설팅 의뢰를 받아 어드바이즈하고 있는데, 의뢰 내용은 천차만별이고. 1건의 의뢰 금액도 최고 3억엔∼10만엔에 이를 정도로 차이가 많다.

　그렇지만, 컨설팅의 의뢰 내용은 크게 나누어 3가지이다. 압도적으로 많은 것은 현상 개선에 관한 의뢰인데, 이것이 전 의뢰건수의 70% 이상을 차지하고 있다. 두번째는 장래의 운영 전략에 관한 어드바이즈 의뢰로서, 전체적으로 볼 때 10%, 세번째가 사내(社內) 교육과 강연 의뢰로서 이것이 몇% 정도 된다. 기타는 모든 분야, 영역과 관계된다고 말할 수 있다. 그런데, 내가 여기에서 말하고 싶은 것은 '현상 개선을 위한 컨설팅' 문제에 관한 것이다.

　자기 기업이나 자기와 관계된 업계에 대하여 가장 상세하게 알고 있는 경영자가 몇차례 생각하고 연구하고 여러가지 개선책을 실천했는데도 업적이 오르지 않을 때, 여기에 대한 어드바이즈 의뢰가 온다고 생각할 수 있다. 이것은 어려운 문제들뿐이다. 왜냐하면, 경영자란 것은 자기의 본업에 관해서까지 돈을 지불하면서 타인의 어드바이즈를 구하려고 생각하기가 어렵기 때문이다.

그런데도 그 업계나 전문 분야에 대하여는 비전문가라고 할 수 있는 우리 회사의 경영 컨설턴트들이 어드바이즈를 제공하고 99% 이상의 확률로 업적을 개선시키는 것이다. 물론 많은 경우는 연간 10건 정도 어드바이즈에 잘못이 있는지는 모르나 업적이 향상되지 못하는 경우가 있다. 또 3년에 1~2건은 나뿐만 아니라 간부들의 경영 컨설팅 참여에도 불구하고 업적이 예상대로 상승되지 못해 컨설팅 요금을 받지 못하고 후나이 총연(總研)의 신용이 추락되는 때도 있다.

그렇지만 어드바이즈 미스는 몇천건 중 10건 미만이고 완전한 실패는 몇만건 중 1~2건에 불과하므로 이것은 기적적이라고 할 수도 있다. 경영이란 것은 '목적하는 바의 50%만 성공해도 된다'는 일반론도 있으므로 나의 회사 컨설팅 실력은 자랑할 만한 것이다.

그러나 그 이유는 극히 분명하므로 염려할 것 없다. 우리들은 경영의 프로들이고 프로란 맡은 일에 대해 실패해서는 안되는 것이다. 우리 회사에는 '후나이(船井)식'이라고 하는 하나의 체계화된 경영 컨설팅 수법이 완성되어 있다. 일반적인 의뢰 상담이라면 100% 가까이 성공시킨다고 할 수 있다. 그리고 어려운 용건인 경우에는, 컨설팅을 의뢰받을 때, 의뢰하는 회사의 능력이나 성격, 경영인의 인간성과 능력 또는 의뢰 내용을 철저히 검토하고 우리들의 노하우와 능력으로 볼 때 절대로 자신감이 있고 성공 가능성이 100% 가까이 있는 것만을 받아들이는 조직 기구도 만들어져 있다. 말하자면 실패 가능성이 있으면 의뢰를 받지 않는 것이다. 그렇지만, 최근에는 의뢰를 거절하는 건수가 점차 격감하고 있다.

그 이유는 후나이총합연구소라는 조직체로서 그들의 어드바이즈 요청을 받아들이는 것이므로 어려운 용건도 100명이 넘는 컨설턴트의 의견을 결집(結集)시킬 수 있고, 장기간 많은 경험을 축적해 온 나를 비롯한 간부들의 수준으로도 해결의 실마리가 발견되기 때문이다.

그럼에도 불구하고 어려움이 예상될 때는, 나 또는 나의 회사와 친한 수백명의 외부 전문가 집단을 동원할 수 있으므로 분명히 말해서 우리 연구소쪽의 기술 수준이나 노하우 수준이 낮다는 이유때문에 컨설팅 의뢰를 거절하는 일은 최근 1~2년 사이에 거의 없는 것이다.

쉽게 말하면 우리 회사의 경우, 컨설팅을 의뢰하는 쪽에 우리들이 말하는 성공의 기초 조건이 확립되어 있지 않았을 때만 의뢰를 거절하게 되어 있다. 그런데, 그 기초 조건이란 것도 매우 간단하다. 우선 의뢰하는 기업의 톱(최고 경영자)이 성공을 위한 기초적 능력만을 가지고 있으면 우리들은 즐겁게 상담에 응하고 있다.

그리고 그 기초 능력과 좋은 어드바이저(충고자)라고 하는 두가지 조건을 구비하면 기업체는 쉽사리 단기간에 성공할 수 있다는 것도 최근에 알게 되었다. 이것이 베이식(기초적) 경영법의 골자이고 하나의 수법이다. 여기서는 이 두가지 기초 조건에 대해 간단히 기술하려고 한다.

1. 경영자가 필요로 하는 성공을 위한 기초 능력
―첫째는 경영인의 의욕과 실천력이다―

자기의 지식이 미숙하기 때문에 누구에게나 이 세상에는 사실

상 불가사의한 일, 불가해(不可解)한 일이 많은 것이다. 그 중에
서도 손에 닿을 수 있는 가능한 일에 도전하고 그것을 해결하
며, 또 다음 목표에 도전한다는 것이 인간의 생활 태도라고 볼
수 있는데, 나는 일반인 보다는 약간 호기심이 왕성하고 실천력
이 있으며 도전을 좋아하는 만큼 현재도 타인보다는 훨씬 여러가
지 이상한 일이나 불가능한 일에 몰두해 왔고, 아직도 여기에
집착하는 편이다.

그리고 여기에서 알게 된 것은 '이 세상에 기적이란 것은 없는
것이 아닌가'라는 것. '어떤 일에 있어서나 그 올바른 원리라고
하는 것은 단순하고 명쾌한 것 같다'는 것. 또 '올바른 수법이나
요령이라고 하는 것은 보통 사람이 실행하려면 누구나 무리없이
실천할 수 있고 탁효(卓效)가 있으며 이같은 수법이나 요령 이외
의 것이 세상에 확대되면 안된다'는 것이다. 이와 동시에 '인간이
란 것은 매우 훌륭한 생물이다'라는 것을 알게 되어 인간으로
태어난 것에 감사하여야 된다는 것을 10여년 전부터 거의 매일
생각하게끔 되었다. 왜냐하면, 매일 매일 인간을 객관적으로
관찰하기 시작했기 때문이다.

인간이란 자기의 의지와 행동으로 새로운 것을 창출할 수가
있다. 또 다른 것으로 변화시킬 수가 있다. 남을 도와줄 수도
있다. 물론 상처를 주거나 폐를 끼칠 수도 있다.

다분히 인간의 특질이라고 하는 것은 자기 스스로의 의지가
자의식(自意識 : self consciousness)이 되고 이에 따라 옳은 것과
옳지 못한 것을 알게 되며, 또 이것에 의해 사고하고 배우며 행동
할 수 있다는 점일 것이다. 이 자의식의 성격과 세상의 구조를
생각할 때 인간 본연의 자세와 삶의 태도를 알게 된다. 이것을
쉽게 말하면 '인간은 자의식을 훌륭하게 사용하여 세상을 위해,
인간을 위해, 자기를 위해 발전적이며 적극적인 의욕을 갖고

실천해야 된다'는 것이 될 것이다.

　그리고 자의식이란 이것을 슬기롭게 잘 활용만 하면 이 세상에서 실현되지 못하는 것이 없는 성격을 지니고 있다…… 라고 하는 것은 인간에게 무한한 가능성이 주어져 있다는 것이 될 것이다. 인간으로 태어난 것에 감사해야 된다. 인간이 하는 것이므로 경영도 마찬가지다. 무한한 가능성이 있다.

　우선 성공을 위한 기초 능력인데, 그 첫째는 경영자가 배우기를 좋아하며 활동과 봉사를 좋아하는 일이다. 이 3가지를 좋아하는 습관적인 버릇도 자의식으로 결정된다. 일반적으로 경영자는 솔직하고 노력파이며 활동적이다. 문제는 '봉사적인 습관'인데 젊었을 때, 또는 성장과정이 나쁜편인 사람 중에는 노력을 해도 '베풀고' '봉사하며' '남을 위하여'라는 것 자체가 손해보는 것처럼 느껴져 봉사를 즐겨하지 않는 경향이 있기 마련이다.

　그렇지만, 봉사를 좋아하지 않으면 경영자로서의 임무를 감당할 수 없게 된다. 경영이란 것은 베풀어야만 성립되는 것이기 때문이라고 할 수 있다. 그런데, 나는 컨설팅을 의뢰하는 경영인 중에서 '3가지의 기초적 능력'이나 습관에 의문이 생기면 우선 다음과 같이 묻는 경향이 있다.

　'사장님은 활동하기를 즐겨하십니까?'라고 묻게 되면, 대부분 '결코 싫어하지 않는다'라고 대답한다. 이것은 활동을 싫어하는 사람도 활동하지 않고서는 경영자가 될 수 없으므로 당연한 답변이다.

　다음에는 '그럼, 새로운 정보를 아는 것은 즐겨합니까?'라고 묻게 된다. 이 질문에 대해 50세 이하에서는 100% 가까이 '매우 좋아한다'고 긍정적이다. 경영이란 것은 새로운 사실과 항상 씨름하는 것이고 새로운 것을 안다는 것이 경험이고 배우는 것이므로 새로운 것을 싫어하는 경영자는 우선 존재하지 않는다고 생각할 수 있다.

만일, 경영인이 경험＝새로운 지식을 싫어하는 경우는 즉시 경영을 포기해야 된다. 그렇지 않으면 얼마 후에 그 경영자가 운영하는 기업체는 업적 저하로 문을 닫게 될 것이다.

이 두가지 질문에 '긍정적'인 답변이 나오면 다음 단계인 세번째 질문으로 옮기는 것이다. '사장님, 또 한가지 질문을 드리겠는데, 타인들에게 뭔가를 회사하는 것을 즐겨하십니까? 예를들면, 선물이나 토산품을 가지고 누구를 방문하거나 또는 알고 있는 지식을 무조건 가르켜 주는 것, 남을 위해 무보수로 노력하는 것은 어떻습니까? 정직하게 말씀해 주시면……'이라고 물어보는 것이다.

이 질문에는, 내가 '세가지 습관적인 버릇'에 대해 '어떨까'하고 의심을 가진 경영자의 99％가 '정직하게 말해서 별로 좋아하지 않습니다. 나는 소유하거나 받는 것은 좋아하지만, 준다는 것에는 신경이 쓰이고 마음이 내키지 않지요'라고 정직하게 응답하는 것이다.

그런데, 여기에서 후퇴하게 되면 우리 경영 컨설턴트들이 사업을 발전시킬 수 없다. 그래서 나를 비롯한 회사의 컨설턴트들은 봉사나 회사하는 것에 거부감을 갖고 있는 분들에게 이번에는 다음과 같은 설득을 하도록 노력하고 있다.

(1) 경영하는 기업체의 존재 목적은 우선 세상을 위해 봉사한다는 것＝기여(寄與)하는 것이다.

(2) 기여하면 반드시 이익이 되돌아 온다는 것이 이 세상의 구조라는 것＝이것이 기업 이익과도 연결된다는 것

(3) 개나 고양이 같은 동물도 자기 스스로 충분히 살아갈 수 있다. 하물며, 인간은 그 능력으로 보아서도 세상을 위해, 인간을

위한 존재이다=기여하는 것이 태어난 삶의 목적이라는 것.

(4) 기여한다는 것의 그 참 이유를 알게 되고 어느 정도 그 즐거움을 경험하면 급속도로 더욱 즐겁게 된다는 것, 그것이 성공의 포인트(핵심)라는 것…… 등이다.

그리고, 이 세상이나 인간과 관련되는 여러가지 원리를 설명하면서 '어떻습니까, 남에게 기여한다는 것의 참뜻을 이해하고 관심을 갖게 되었습니까'라고 이해를 구하는 것이다.

여기에서의 능숙한 설득과 불완전한 것의 차이가 경영 컨설턴트의 요령(비결)이 되겠는데, 최근 나는 4~5시간 안에 기여를 기피하는 사람들의 99%를 마음깊이 설득시켜 그같은 자의식(自意識)을 갖도록 만들 수 있게 되었다. 이것은 나의 체험때문이고 신념을 갖고 있으며 이론적으로도 설득할 수 있기 때문일 것이다. 그러나 10년 전에는 33% 정도 밖에 설득하지 못했고 20년 전에는 아마 10%밖에 설득하지 못한 것 같다. 현재는 컨설턴트로서 또는 인간으로서도 베테랑이 되었기 때문일 것이다.

어쨌던, 봉사나 남을 위한 기여를 좋아하지 않는 사람은 경영자로서 우연히 다소 성공한 것처럼 보일지라도 결코 진짜 성공한 기업인이 될 수는 없는 것이다. 이것을 독자들은 충분히 이해할 필요가 있다.

제2의 경영자 능력은, 어떤 경우에도 마음만 먹으면 플러스 발상이 가능하고 마이너스 발상을 중단할 수 있다는 것이다.

자의식(自意識)의 설명에서 약간 언급했지만, '인간의 소망이나 생각=상상같은 것은 실현한다'고 말할 수 있을 것이다. 이것은 창조주가 인간에게 부여한 특권이라고 할 수 있을 것이다. 나는 ① 개발하면 할수록 좋아지는 '두뇌'를 인간이 갖게 된 것. ② 이성적(理性的) 의지=자의식(自意識)을 인간에게 갖게 한 것 ③ '생각하는 바'가 실현되는 특권을 인간에게 준 것…… 이 세가지는, 창조주가 인간을 특별한 존재로 만들고 크게 기대하고 있는 증거라고 나는 오랜 연구와 체험에서 판단하고 있다.

그러므로 우리들은 창조주의 기대에 부응하기 위해 ① 명석한 두뇌를 갖고, ② 이성적(理性的) 의지를 강화하는 자의식(自意識)으로서, ③ 세상을 위해 그리고 인간을 위해 또 자기를 위해서도 필요한 사고방식을 갖지 않으면 안된다…… 라고 말할 수 있을 것이다.

그런데, 인간의 소망 중에서 좋은 결과에 대한 기대가 플러스 발상, 나쁜 결과를 마이너스 발상이라고 하는데, 경영자란 필요에 따라 플러스 발상이 가능하며 마이너스 발상을 중단시킬 수 있는 능력이 있어야 된다.

특히, 마이너스에 있어서는 마이너스적인 발상뿐이 아니고 마이너스적인 정념(情念)과 감정까지도 갖지 않도록 훈련할 필요가 있다. 이것이 바람직하다.

그리고, 플러스 발상을 하고 마이너스 발상을 중단하는 훈련은 별로 어려운 일이 아닌데, 최소한 100명 이상의 종업원이 있는 회사 경영자라면 '플러스 발상을 갖고 마이너스 발상을 중단할 수 있는' 능력이 없으면 기업을 유지시킬 수 없을 것이므로 마이너스 발상을 중단할 능력은 충분히 있다고 볼 수가 있다……고 하는 것이 나의 경험에서 나온 결론이다.

일반적으로 학자나 평론가는 우수한 경영자가 될 수 없다. 공인 회계사나 변호사들도 직원이 많은 기업체의 경영자가 되기 어렵다. 관공서나 대기업 출신자라도 스태프(간부)로 장기간 근무한 사람, 참모형인 사람은 우수한 경영자가 되기 어렵다.

그뿐만이 아니다. 경영 컨설턴트도 100명 이상의 기업체 경영에는 능숙하지 못한 경우가 많다. 이상과 같은 이유는 각각 경험한 직업에서 마이너스적 발상이 습관적으로 굳어진 것과 관련이 있기 때문이다. 비관적인 습성이라 할 것이다. 이같은 사람들에게는 경영자로서 성공할 수 있는 기초 능력이 터득되기 매우 어렵다고 할 수 있을 것이다.

경영자로서의 성공 기초능력 세번째는, 훌륭한 스승과 모델을 발견하고 가르침을 겸손하게 받아들이는 능력을 갖는 것…… 등이다.

'인간은 무엇보다 인간으로 부터 먼저 가르침을 받고 점포도 동업 점포로부터 먼저 배울 바가 많다. 탁월한 스승이나 훌륭한 모델을 만나 마음으로 부터 가르침을 받는 것은 무엇보다도 단기간에 더구나 효율적으로 자기를 향상 발전시키는 방법이 된다'고 과거 선인들도 말하고 있는데 나도 경험적으로 단언할 수가 있다.

급속도로 업적을 향상시킨 기업의 경영자들에게는 반드시 훌륭한 스승이나 모델이 있었다. 더구나 정직하게 배웠고 실천했다. 나의 체험에서 이와같이 말할 수 있다.

나와 특히 가까운 소매업계에서 급속도로 성장한 기업군이 있다. 이들은 소위 양판점＝슈퍼라는 업태중 톱 크래스의 기업군들이다. 다이에, 이토오요카도, 유니, 쟈스코, 니치이, 이즈미야, 고토부끼야(壽屋), 후지, 마루에쓰, 쥬지쓰야(忠實屋)…… 등인데, 그 대부분이 1950년대 중반에는 연간 매상고가 1억엔 전후의 작은 소매업이었다는 것을 알 수 있다. 그것이 현재는 연간 몇천억엔에서 몇조엔이라는 대기업이 되었고 종업원도 수천명에서 수만명으로 급성장하고 있다. 이들 기업의 최고 경영자나 창업자들은 대부분 모두가 나와 친분관계를 맺고 있는데 그들이 성공한 특징은, ① 타인보다 몇배 배우고 노력하는 습관, ② 플러스적인 발상, ③ 그리고 이들 모두가 훌륭한 스승과 모델을 찾기 위해 매우 정력적이었고 이들로 부터 솔직하게 배우고 발전하는 요령을 터득하고 실천했다는 것이라고 할 수 있다.

이들은 현재 60세가 넘었는데도 매일 스승과 모델 찾기에 분주하며 이것은 훌륭한 자세라고 볼 수 있다. 이와 같이 현실속에서 훌륭한 스승과 모델을 찾아 솔직하게 배우는 것은 기업의 성장에 플러스로 작용되는 것이다.

훌륭한 스승이나 모델은 희망하는 분에게는 반드시 올바른 요령과 수법을 가르켜 준다. 진실로 가르켜 줄 때는 자기 나름대로 개발하는 것보다도, 또 보고 흉내를 내는 것 보다도 몇배, 몇백배 빨리 체득되는 것 같다.

나의 경험에서 볼 때도, 세미나에 참가하는 경영자들이 참가를 기피하는 경영자보다는 개인적으로나 경영하는 기업체가 훨씬 빨리 성장하는 것을 알 수 있으므로 변덕스런 고집이나 외고집인 사람은 경영자로서 부적당하다고 할 것이다.

그리고 컨설턴트나 외부의 스태프를 활용하는 기업쪽이 이용하지 않는 기업보다는 훨씬 성장이 빠르다. 이것도 현실적인 실태가 입증하고 있다. 이들은 세미나 또는 컨설턴트의 유위성(有爲性)을 십분 활용하면서 그 경영자의 자세가 훌륭한 스승이나 모델을 발견하고 마음으로 부터 배우려는 기본 자세를 갖기 때문일 것이다.

어쨌던 탁월한 스승이나 모델을 알게 되고 여기에 사사(師事)하면 베이식 경영법의 요령을 매우 효과적으로 터득할 수 있다고 단언할 수 있다. 이상, 성공을 위한 경영자로서의 기초 능력을 세가지로 간단히 서술했는데, 이것은 인간으로서 미래지향적으로 의욕을 갖게 하며 실천력만 갖게 되면 큰 어려움이 없는 것이다. 누구나가 훌륭한 경영자가 되는 것은 꿈이 아닌 것이다. 반드시 도전하기 바란다.

2. 어드바이저＝올바른 삶의 태도를 제시하는 스승을 갖자
─사우(師友) 협회와 천풍회(天風會)의 의미─

'현재의 일본에서 크게 영향을 끼친 사람을 두 사람만 꼽는다면……'이라고 할 때, 최근 나는 야스오까(安岡正篤) 선생과 나카무라(中村三郎) 선생을 지적하게 되었다. 두분 모두 유명한 분이다. 그러나 모르는 사람도 많다. 간단히 설명하면 현재 60세에서 90세 정도까지의 많은 지도자들이라면 이 두분으로부터 기본적인 생활태도를 배웠다고 해도 과언이 아니다. 이분들은 이미 고인이지만 그런분들에게 영향을 끼친 것이 사실이다.

야스오카(安岡) 선생은 1898년생이고 양명학자(陽明學者), 민족주의 사상가로 알려져 있으나, 정계나 재계뿐만 아니라 여러 가지 방면에서 '삶의 태도'를 가르쳐 준 분이라고 할 수 있을 것이다. 2차대전 전부터 전후까지 정계와 재계의 정신적 지주(支柱)로서 큰 존재이었을 뿐만 아니라 그분만큼 면담한 사람들로부터 존경받은 사람은 없을 것이다. 특히 1974년, 그에 의해 설립된 전국 사우협회(師友協會)의 회원중에는 내가 잘 아는 분들이 많은데, 누구에게 물어봐도 '모르는 일, 고민스러운 문제, 또 진로나 방향에 대해 묻게 되면 분명히 납득될 만큼 가르침을 받았다'고 술회한다.

그리고 선생은 누구에게나 매력적인 인간으로 알려져 왔는데, 그 매력의 근본은 '고결한 인격, 박식(博識)과 탁견(卓見)'이란 것도 일치되고 있다. 이런 분에게 흥미가 있으므로 내 나름대로 그에 대해 연구하였는데, 선생의 사고방식에는 세가지 원칙이 있었던 것으로 보인다.

그 첫째는, 눈앞만 보는 것이 아니라 가급적 긴 안목(眼目)에서 사물을 보는 것이며, 두번째는 다면적(多面的)이거나 전면적(全面的)으로 본다는 것, 쉽게 말하면 대국적으로 높은 곳에서 본다는 것, 그리고 세번째는 지엽적(枝葉的)이 아니고 근원적으로 사물을 관찰했다는 것이 옳을 것이다. 이것을 잘 살펴보면 나의 베이식(기초적) 경영법과 전연 사고방법이 동일하다. 나도 매우 즐거웠다. 1983년 12월에 고인이 되었으나, 그때까지의 사우협회(師友協會)의 활약, 기관지〈사(師)와 우(友)〉등의 내용을 살펴보면, 새삼스레 인간에게는 올바른 생활태도가 필요하고 이것을 가르쳐 주는 스승이 주위에 있다는 것이 얼마나 고마운 일인가를 알게 된다.

한편, 나까무라(中村三郎) 선생은 호(號)를 천풍(天風)이라고 했고, 천풍회(天風會)의 주최자인데, 야스오까(安岡) 선생과는 다른 의미에서 일본의 지도자들의 지주였던 분이었다.

특히, 의학자(醫學者)이고 철학자였던 천풍 선생은 일본과 중국, 일본과 소련의 전쟁 당시에 군사 탐정으로 활약했고 그 뒤, 콜럼비아 대학 의학부의 수석 졸업생, 자기의 중병을 히말라야의 산기슭에서 성인(聖人) 카리앗파의 지도를 받아 완치한 실적 등, 몇가지 색다른 자기 체험에서 만들어진 '마음과 육체의 관계론'과 '사고방식' '실천법' 등을 천풍회를 통해 일본의 지도자들에게 가르쳤다고 볼 수 있다.

천풍 선생의 사고방식은 '하늘에 감사하고, 세상을 위해 남을 위해 노력하는 것이 인간의 올바른 생활태도다. 예를 들면, 이같은 올바른 생활태도를 갖게 되면 '내츄럴 필링 파워'가 작용하여 어떤 난치병도 호전된다'는 것이고, '몸보다는 마음이 주인'이며 '마음이 강하면 육체도 강해진다', '육체는 마음이 강하지 않고서는 절대로 강해질 수 없다' 등의 원리인데, 이것을 의학과 철학적인 측면에서 대중들에게 알기 쉽게 설명한 분이 천풍 선생이다. 서민적이었던 것 같다.

특히 소극적이고 마이너스적인 발상이나 감정, 정념을 갖게 되면 몸이 악화되고 '사교성'도 떨어지기 때문에 ① 분노 ② 비관 ③ 공포 ④ 증오 ⑤ 한(恨) ⑥ 질투 ⑦ 번민 ⑧ 고민 ⑨ 근심 ⑩ 부정(否定)하는 것…… 등은 절대로 금해야 된다고 적극적으로 깨우쳐 주었다.

1876년에 태어나 1세기 가까이 진리를 추구하여 온 천풍(天風) 선생의 사고방식과 나의 사고방식은 완전히 비슷하고 베이식(기초적)하다. 무엇보다도 천풍(天風) 선생이 많은 일본의 지도자들로부터 존경을 받았고 그들의 정신적 지주로써 임종 전까지 크게 활약하였는데, 나에게는 그 이유가 이해되는 느낌이다. 왜냐하면 이같은 어드바이저가 주위에 있다는 것은 인간에게 있어서 무엇보다도 고마운 일이기 때문이다.

올바른 생활 태도의 지침이란 이만큼 중요한 것이라고 할 수 있다.

경영자가 자기가 경영하는 기업체를 성공시키는 기초조건이란, 성공을 위한 기초능력(① 배우고 노력하며 봉사하기를 좋아하며, ② 플러스 발상이 가능하고 마이너스 발상을 하지 않는 것, 스승이나 모델을 발견하여 사사(師事)하는 능력을 갖는 것)과 이제까지 설명한 훌륭한 어드바이저=올바른 삶의 방법을 가르쳐 주는 수승을 갖는 것의 두가지인 것이다.

야스오까(安岡) 선생이나 나까무라(中村) 선생이 없는 현재, 우리들에게는 그들과 같은 훌륭한 어드바이저를 앞으로는 발견할 수 없을지 모른다. 그러나 당황할 필요는 없다. 그런때는 고전

(古典) 책을 펴보는 것이 좋다. 석가나 그리스도의 가르침에
관심을 갖는 것도 좋다. 또는 나처럼 하늘이거나 자연을 스승
삼아 배우는 것도 좋다. 무조건 공부하고 노력하면서 희구(希
求)하면 그만큼 좋은 어드바이저가 반드시 나타나리라고 생각한
다.

'인간으로서 태어난 것을 기쁘게 생각하고 매일 살고있다는
것에 감사하며, 마음에 내키지 않는 것도 필요한 것으로 인정하
고 불이익을 주는 사람도 필요한 것을 가르쳐 주는 사람이라고
너그럽게 이해하며, 인간으로서의 목적=세상을 위해 사람을
위해 노력하는데 전력투구하고 다음 문제는 창조주나 하늘에
맡기는 것이 가장 올바른 삶의 태도다'라고 하는 천풍(天風)
선생의 가르침에 따라 살면서 어드바이저를 희구하게 되면 필요
한 어드바이저가 누구에게나 나타날 것으로 생각된다.

어쨌던 성공을 위한 기초 조건을 얻는 것은 그다지 어려운
일이 아니다. 독자 여러분도 자신감을 가지고 노력하기 바란다.

제 **2**부

'베이식 경영법'의 원리와 수법

제1장 원리와 천지 자연의 이치

―올바른 원리에 따르자. 현재는 잘못된 원리에 빠져 있다―

내가 오사카(大阪)시 교외의 농가에서 장남으로 태어난 것은 이미 기술한바 있고 그 때문에 나는 농사 일을 싫어하게 되었으나 농업이나 동식물과는 좋든 싫든 어렸을 때부터 친숙했다. 매일 맨발로 논과 밭을 뛰어다녔기 때문이다. 이와 동시에 자연의 위대함과 두려움도 충분히 알게 되었는데, 인간과 비교할 수 없는 자연의 힘이 있다는 것도 인정하지 않을 수 없었다.

벼의 개화기(開化期)에 태풍이 몰아치면 쌀의 수확량은 현저히 감소된다. 또 인공적인 농작물은 허약해도 잡초는 참으로 강인하다. 또 고양이나 개같은 것도 들이나 산에서 야생하는 것이 집에서 키우는 것보다 강인하고 집돼지보다는 산돼지가 더욱 사나웁고 힘세다. 이같은 유년기의 경험과 국민학교 때부터 자연과 친숙하게 지내면서 자연적인 현상을 받아들이는 삶이 가장 올바른 생활태도라는 것을 철저하게 이해하게 되었다.

자연과의 교류에 있어서는 형식이나 완고함 같은 것은 금물이다. 매사 매사를 이유만으로 생각하려고 하면 맞지 않게 되는 경우가 많다. 그때문인지 나는 극히 형식에 구애받지 않는 유연한 행동적 인간이 되고 말았다. 어렸을 때의 체험이나 사고방식, 행동양식은 변하기가 어려운 것 같다. 이같은 내가 지금 생각할 때, 이상한 것은 국민학교 이래 너무나도 시간이 부족한 나날을 지내왔다는 사실이다. 해야만 될 일이 항상 너무 많아서 하고 싶은 일도 제대로 못해 온 것이다. 그렇다고 해서 내가 둔하고 서투르며 매사에 타인보다 시간을 더 낭비하는 경향이 있는 것도 아니다. 오히려 시간이 부족했기 때문에 나는 다른 사람보다 시간의 활용방법이 탁월하다. 대부분의 경우, 평균적으로 타인보다 빨리 처리하는 것이다.

예를 들면, 원고를 쓰는 속도에 있어서도 1시간에 400자 원고지 10매 이상을 매일 몇시간씩, 몇일간 계속할 수 있는 능력이 있다. 시간적인 여유만 있다면 1주일 사이에 1권의 책을 쓸 수 있으므로 다른 사람들은 놀래는 것 같다. 그리고 재능과 체력이 있고 속도가 있으나 시간이 부족하다. 따라서 필연적으로 급하지 않은 것은 뒤로 미루거나 착수하지 못하게 된다. 뿐만 아니라 중단하게 될 가능성이 있는 것은 가급적 시작하지 않는 편이다.

먹는 것과 잠 자는 것은 동물로써 필요하다. 활동과 배우는 것도 인간으로서 필요하다. 그러나 지나치게 노는 것은 필요하지 않다. 놀지 않고서도 보통 사람 이상으로 즐겁게 살 수 있다. 따라서 나의 지금까지 인생은 일반적인 의미에서 전혀 유흥적이 아니었다고 말할 수 있다.

어쨌던 항상 시간이 부족하다. 하루에 100시간 정도의 시간이 필요하다. 이와같이 항상 생각하고 살고 있는 동안에 근원적으로 알면서 발상(發想)하는 것이 부족한 시간을 더욱 슬기롭게 잘 활용하는 방법이란 것을 알게 되었다.

여기에서 잠깐 내가 연구하고 있는 것을 말하려고 한다. 전문적인 것이어서 어려울지 모르나 이해하기 바란다.

내가 양자(量子) 물리학의 기초이론으로 알려지고 있는 통일장(統一場)의 이론(표 1), 소위 초중력(超重力) 이론에 절대적인 관심을 갖게 된 것은, 현대과학이 이 이론의 통일적 이해속에

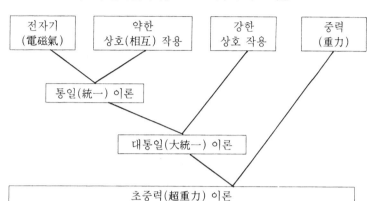

〈표 1〉 양자물리학(量子物理學)의 기초 이론

전자기 (電磁氣)	약한 상호(相互) 작용	강한 상호 작용	중력 (重力)

통일(統一) 이론

대통일(大統一) 이론

초중력(超重力) 이론

　여기는 초중력의 자리＝초의식(超意識)의 자리, 소위 Unified-Field 이고 자연계에 있는 모든 힘의 통일장(統一場)이다. 자기 충족성(充足性), 자기 회귀성(回歸性), 무한한 약동력(躍動力), 자연의 무한한 조직력도 여기에서 시작된다.

서 존재하며, 통일장에서 나오는 자연법칙이 자연계의 모든 현상에 있어서 근본이란 것을 인정하기 시작하고 있기 때문이다. 나의 의도를 이해할 것이다.

　또, 내가 '호롱'이라는 개념에 관심을 갖게 된 것은 우주의 구성요소나 인간의 요소도 전체와 부분으로서 파악하는 것보다는 각각의 레벨에서 부분과 전체라는 두가지 얼굴이 참으로 균형 있게 유지된다는 것을 알게 되었기 때문이다. 근원적으로 탐색하면 통일장은 이해되는 것이지만, 그 다음에 야누스(Janus)로 상징되는 바와 같이 인간은 양면성을 지니고 있고 그것은 우주의 궁극적인 구성요소가 갖는 양면성의 반영처럼 나에게는 생각되는 것이다.

　인간은 착하기도 하고 악할 때도 있다. '호롱'은 환경에 의해 변화한다기 보다는 각자가 개성을 지니고 있고, 각각의 종류에 따라 공통성을 갖고 있다. 이 보편성과 개성을 겸하고 있는 존재가 모든 이세상 존재물의 기본적인 구성요소인 것처럼 생각된다.

말하자면, 초중력(超重力) 이론이 있고, 그 다음에 '호롱' 이론이 있으므로서 이 세상이 구성되어 있다고 생각하면 모든 것을 더욱 쉽게 이해할 수 있다는 것이 나의 인식인데, 이것이 베이식(기초적)으로 내가 도달한 하나의 결론이기도 하다. 이와같은 인식 위에서 후나이식 경영법이나 베이식 경영법이 대략적으로 구성된 것이다. 이제부터 가능한한 간단히 설명하기로 한다.

본론으로 들어가서, 경영자는 어떤 이유인지 학자들에게는 무력하다. 학자를 존경하는 것은 좋은 일이지만, 모든 학설이나 학자의 주장을 진리라고 생각하고, 자기에게 합리적인 것으로 느껴지면 무조건적으로 복종한다는 것은 생각할 문제인 것이다.

학자도 인간이다. 틀릴 수도 있고 그들의 학설이 진리라고 단정할 수도 없다. 실무자이면서 프로인 경영자는 학설의 진위(眞僞)를 프로의 입장에서 판별하고 진짜 학설은 충분히 참고할 필요가 있지만 잘못된 것은 그것이 아무리 자기 행동을 뒷받침한다 해도 채용하거나 활용해서는 안된다.

왜냐하면, 프로적인 실무자는 자기 행동과 관계되는 학설이나 이론의 진위를 충분히 판단할 수 있기 때문이다.

예를 들면 내가 하나의 프로 경영인으로서 생각할 때, 현대의 공업화 사회 및 자유주의 경제의 기본원리라고 하는 '경쟁 최선의 원리'나 '적자 생존'과 같이 '다윈의 진화론'이 뒷받침된 원리에는 큰 함정이 있다고 생각되는 것이다.

'찰스 다윈'이 주장한 진화론의 중심적 사고방식은 '생존 경쟁에서 승리하여 살아남은 자야 말로 적응하는 사람이고, 이 승리자가 생물을 진화시킨다'는 것이었다. 물론 그는 이 자연도태설(自然淘汰說) 이외에 돌연변이설도 등장시켰다. 따라서 정리하면, 다윈의 주장은 '돌연변이와 자연도태에 의해 적자생존(適者生存)이 생기고 그 결과 우수한 존재가 작은 변화를 축적하면서 진화되어 간다'는 것이 된다.

이 다윈의 사고방식은 자유주의 경제의 원리인 '우수한 것이 승리자로 살아남고 사회를 발전시킨다'는 주장에 큰 영향을 주었다. 그러나 자연을 잘 관찰해 보면, 교토대학(京都大學)의 이마니시(今西錦司) 교수가 주장한 것과 같이 '생물의 세계란 조화적인 안정 상태에 의해 이룩되고 있다'고 하는 '이마니시(今西)진화론'이 옳다는 것을 알 수 있다.

또, 이 이외에 다윈의 진화론에는 많은 의문점이 있다. 이 이상의 해설은 전문적이 되므로 여기에서 생략하겠으나 한 두가지 실례를 들면, 특정한 지역 이외에는 존재하지 않는 동물과 식물이 많고 약육 강식의 동물세계에도 같은 지역에 생존하는 어떤 강한 동물이 어떤 약한 동물을 완전히 멸망시키는 것과 같은 일은 결코 없다.

이같은 천지 자연의 이치를 유린하는 것은 현재에 있어서 인간뿐이다. 그러나 인간 사회도 최근에는 공생(共生)이나 동정(同情), 조화적(調和的)인 안정상태가 필요한 것을 느끼기 시작했다. 이제는 강자가 약자를 멸망시키거나 학대하여 강자만이 즐겁게 사는 것이 옳다는 생각을 대부분 유식자들이 생각하지 않게 되었다. 현실적으로 그러한 시스템은 용인할 수 없게 되어 있다.

일본이 세계에서 경제적 마찰의 주역으로 등장되어 원망의 대상이 되고 있는 것은 '약육 강식'과 '적자 생존'의 다윈니즘을 현재도 일본의 경제계가 추진하는데 대한 경고라고도 생각할 수 있을 것이다. 누구로 부터의 경고냐 하면 그것은 창조주로부터의 경고이고 신으로 부터의 경고일 것이다. 창조주나 신의 존재를 믿지 않는 사람들이라면, 그것이 천지 자연(天地自然)의 이치에 어긋난 행위이므로 천지 자연이 일본인에게 경고하고 있다고 생각하는 것이 옳을 것이다.

본론적으로, 베이식 경영법의 원리는 어디까지나 '천지 자연의 이치'라는 올바른 원리에 따르는 경영법이라는 것이다. 물론 체계화시킨 나도 한사람의 인간이기에 잘못된 원리(?)를 옳다고 생각하는지 모른다. 그렇지만, 경영의 프로로서 그 점에 대하여는 충분히 음미에 음미를 거듭했다는 것을 밝혀둔다.

1. 원리는 이해할 수 있고 납득된다
-납득하고 응원해 주는 경영일 필요가 있다-

인간 이외의 동물과 식물을 관찰해 보면 그들은 스스로의 운명을 감수하고 그속에서 모두가 힘껏 살려고 노력하는 것처럼 보인다. 그런데, 인간에게는 이성(理性)이 있다. 생각할 수도 창조할 수도 있다. 고생이나 즐거움도 기억에 남을 수 있고 미래에 대한 예측도 어느 정도는 가능하다. 그래서 당연히 운명도 변할 수 있는 것이라고 사람들은 생각한다. 이것이 동식물에는 섭컨셔스니스(sub-consciousness : 신의 생각대로 움직이는 의식 : 반의식, 잠재의식) 밖에 없으나 인간에게는 셀프 컨셔스니스(자의식)가 있다는 이유가 된다. 그럼에도 불구하고 인간도 천지 자연 중의 동물, 천지 자연의 이치에서 떨어져 사는 존재가 될 수는 없는 것 같다. 예컨데, 태양은 동쪽에서 떠서 서쪽으로 지고 인간은 태어난 이상 얼마후 죽는다는 것을 인정하지 않을 수 없다. 이것이 천지 자연의 이치이다. 이와 마찬가지로 천지 자연의 이치란 것은 어떤 사람도 인정하지 않을 수 없는 이치라고 할 것이다.

따라서, 경영에 있어서도 모든 사람이 인정하는 이념이거나 철학을 갖고 있으며, 또는 방침이나 경영수법의 실천이 천지 자연의 이치에 맞을 때 가장 올바른 것이 된다. 그렇지만, 모든 사람들이 납득한다는 것은 상당히 무리한 상담일 것이다. 그래서 대체로 '가급적 많은 사람들이 납득하고 성원해 주는 철학·방침·수법의 경영을 이룩하자'고 하는 것이 베이식 경영법의 원리가 되는 것이다.

대체로 그것은 제1부에서 서술한 바와 같이, 기업체의 존재나 목적하는 방향에 대의명분이 있고, 그의 철학이나 방침, 수법 등이 단순 명쾌하므로 당사자에게도 무리없이 실천되는 것일 것이다. 그리고 제3자에게도 그것이 이해될 것으로 생각된다. 그리고 그것은 자연법칙에 맞고 자연과 융화되는 경영, 말하자면 진짜의 경영이라고 말할 수 있는 것이어야 될 것이다. 자연율에 알맞는다는 것은 양심이나 자연의 섭리에 배반되지 않고 실천되는 경영이란 것이 된다. 그리고 자연과 융합된다는 것은 자연을 해치지 않는 것, 자연을 분노시키지 않는 것, 자연속에서 일체화되는 경영이라고 하는 것이 좋을지도 모른다.

어쨌던 모든 사람들이 '과연 그렇구나'하고 납득하며 성원하고 싶은 것이 친지 자연의 이치에 알맞는 올바른 기업체이고 경영법인 것이다. 독자 여러분은 자기나 자기 회사의 존재를 이러한 관점에서 평가하기 바란다.

2. 경영 목적은 사회성과 교육성의 추구

－필요·필연·균형 그리고 결과는 공평하다－

경영을 통해 기업체가 성장 발전하는 것이지만, 그와 동시에 이 세상이나 관계된 사람들도 성장되고 발전되는 경영이어야 하는 것이 중요하다.

참다운 경영체가 존속하려고 노력하면 숙명적으로 성장 발전 하게끔 되어 있다. 여기에는 현상 유지란 것이 있을 수 없다. 경영체에는 성장이냐 쇠퇴＝축소냐의 어느 쪽인데, 이것도 이 세상의 천연적인 생존물 모두의 숙명과 같다고 할 수 있다.

다만 천연의 생존물과 다른 것은, 기업체는 쇠퇴나 축소가 급속도로 죽음과 연결된다는 특성이 있다는 점이다. 즉, 기업체 의 쇠퇴나 축소는 불필요한 존재가치와 연결되고 있는 것인데, 이것을 인간적으로 보면 합리적인 필요성에 의해 만들어지는 인공적인 것이므로 현재와 같이 불필요성의 필요한 조치나 불가 능성의 효용과 같은 조치까지 강구하지 못했기 때문일 것이다. 생각해 보면, 자연계에는 불필요한 것은 한가지도 없다. 노화나 쇠퇴에도 충분한 의미가 있다. 따라서 자연 현상을 모델로 삼으 면, 인공적인 기업체도 쇠퇴나 축소의 유용성(有用性)을 발견할 수 있을 것으로 생각된다. 그러나 현실적으로는 축소할 경우, 그것은 전혀 쓸모가 없다는 사실이다.

어쨌던 기업체의 존재 목적은 우선 세상을 위해 인간을 위해 존재한다는 사회성(社會性)의 추구인 것이다. 따라서 경영체의 존재 목적은 그 기업체의 종업원이나 여기에 관계된 인간들의 교육성 추구라고 할 것이다. 교육성의 추구란 것은 인간성을 개발하는 것이다. 그것은 인간의 특성인 두뇌를 잘 활용하고 이성적이고 양심적인 의지를 강화하며, 플러스 발상을 통해 적극적으로 봉사 활동을 할 수 있는 인간 형성을 추구하는 것이라고 말할 수 있다.

이 두가지 목적 추구의 결과로서 수익이 오르고 기업체는 성장 발전하는 것인데, 이것이 올바른 원리에 따른 기업체라고 이해하기 바란다. 결코, 수익의 추구만이 경영의 제1조건은 아니다. 그렇지만, 이들의 경영목적 즉 사회성과 교육성 그리고 수익성을 추구하기 위하여는 그 나름의 조건이 필요하게 된다.

나는 그 올바른 해답도 자연계가 가르쳐 준다고 생각하고 있다. 이것은 분명하다. 이것을 좀더 상세히 설명하면, 대부분 자연계에는 불필요한 것이 하나도 없다는 것을 알 수 있다. 인간이 어느 정도 학문을 배우면 이 자연계에 존재하거나 나타나는 현상은 모두가 필연이고 필요하다고 판단하는 것이 옳다는 것을 누구나가 이해하게 되는 것 같다. 더구나 자연계에서 영속(永續)하는 것일수록 그 나름의 필요성이나 필연성이 있다는 것을 알 수 있다.

또, 자연계의 존재물은 어떤 것이나 훌륭하게 균형이 잡혀 있는 것을 알 수 있다. 더구나 매크로(거시적)로 볼 수 있는 사람은 자연계란 것이 참으로 공평하게 되어 있다는 것도 알 수 있다. 어쨌던 필요·필연적으로, 균형있게 참으로 공평하게 운용(運用) 되고 있는 것이 자연계라고 할 것이다. 이것이 또 베이식(기초적) 원리인 것 같다. 그렇다면 기업체도 필요·필연에 의해 균형이 조화롭게 유지되고 이에 의한 생존조건=공평한 발전과 쇠퇴가 결정적으로 나타나야 될 것이라고 말할 수 있을 것이다. 이것은 사실상 단순, 명쾌하며 이해하기 쉽다.

3. 좋은 인상(人相)으로 '모범적인' 경영을 하자
－핵심 능력은 질서 형성과 유지 능력－

　자연 법칙에 따르는 것이 올바른 삶의 태도란 것은 독자들도 쉽게 이해하리라고 생각하는데, 이것을 인간이나 인간이 주체인 기업체에서 활용하려면 주의가 필요하다. 이 세상에 존재하는 것을 분리하여 생각할 때, 동식물은 무조건적으로 자연율에 따르고 있고 하나님＝천지 자연을 창조하고 운영하는 주체도 또한 자연율을 알고 있는 존재라고 생각하며 자연율에 따르고 있는 존재라고 생각된다.

　그러나, 단 인간만이 자연율이 무엇인가를 제대로 잘 모르는 존재라는 것이다. 그러기 때문에 인간은 때로는 올바르게 살고 때로는 바르지 못하게 산다는 것이다. 그중에서 올바른 생활태도를 찾아내고 알며 그리고, 그것을 타인에게 가르쳐 인간 전체가 올바르게 생활하도록 노력하는 것이 인간 본연의 자세일 것이다.

　이 올바른 생활태도를 탐색하고 알기 위하여는 자연 현상을 참고 자료로 삼아 스승으로 받드는 것이 가장 좋다. ……여기까지는 누구나 쉽게 알 수 있다. 나는 여기에서 다음과 같은 가설(假說)을 만들었다.

　"창조주는 인간을 올바른 생활태도를 얻기 위해 노력하는 생물로 만든것 같은데, 과연 무엇이 옳고 무엇이 옳지 않은가를 인간이 분명히 알 수 있도록 배려하였다. 즉, 올바르게 살면 얼굴 모습이 좋아지고 행복해지며 명랑하게 즐거운 나날을 보내게 된다. 또 건강해지고 아름답게 된다. 말하자면 남이 부러워하는 행운의 '관록(貫祿)'이 붙게 된다.

반대로 올바르지 못한 생활습관을 갖게 되면, 인상(人相)이 나빠지고 불행해진다. 병에 걸리거나 얼굴이 추잡하게 되고 냉정하고 어두운 인간이 되며 매일 고민속에서 나날을 보내지 않을 수 없게 된다. 소위 '품위'가 떨어지게 된다. 이와같이 확실히 달라지게 되어 있는 것이다. 또 지구상에만 100만 종이 넘는 동물 종류와 30만종 이상의 식물들을 만들고 인간이 자연현상이나 이들 동식물의 생존상태를 알게 하므로써 올바른 생활태도를 효율적으로 배우는 기회와 여건을 만들었다는 가설(假說)인데 독자 여러분은 어떤 생각인지?

그런데, 이 세상의 생존물은 개체로 보거나 전체로서도 질서를 형성할 능력이 있고 어데서나 질서 유지 기능이 작용되고 있는 것을 알 수 있다. 그만큼 자유롭게 방치해도 걱정할 필요가 없다. 오히려 방임하는 편이 잘 되어 간다. 인간도 이 세상의 생존물이다. 자연율에 따르는 것이 가장 현명하다.

그런데, 인간은 자칫하면 질서를 파괴한다. 질서 유지 기능을 활용하지 않으려는 행동도 서슴치 않는다. 따라서 올바른 인간의 생활태도라고 하는 것은 올바른 사회생활의 핵심인 질서형성과 질서유지가 가능한 능력을 갖기까지 교육 훈련하고 그 다음에는 가급적 자유롭게 방임하는 것이 가장 좋을 것이다.

예를 들면, 자동차 운전면허나 의사의 면허를 똑같이 생각하고, 핵심적인 능력만 갖추고 있으면 면허를 주어도 염려할 것이 없다고 하지만, 오히려 규제하지 않는 편이 잘될 것으로 생각된다.

다만, 핵심 능력에 있어서 어느 정도를 스스로 구비하고 있어야 되는가는 인간의 경우, 운전면허나 의사면허처럼 분명하게 규정할 수 없고 시험칠 수도 없는 것이 문제인데, 항상 모범적인 생활태도를 갖출 때까지라고 하는 것이 가장 올바른 대답일 것이다.

또, 경영체라고 하는 것은 그 관계자에 대하여 핵심적인 능력을 부여하는 존재여야 되고 스스로도 핵심 능력을 훌륭하게 활용하여 사업을 지속시키는 기업이어야 하는 것이다. 어쨌던 베이식 경영법의 원리는 인간이란 생존물에게 창조주가 부여한 목적을 달성시키는 것, 더구나 올바르게 효율적으로 달성될 수 있는 경영철학이나 방침·수법을 만들어 내는 것이라고 인식하기 바란다.

제 2 장 후나이식 베이식 경영법

-성공을 위한 8개의 원칙적 방법과 순위-

나는 경영 컨설팅을 시작한지 20여년이 넘는다. 이 비즈니스의 강점은 다른 어떤 직업보다도 많은 경영 실태와 실례를 단시간에 알 수 있다는 점이다. 현재는 1천 몇백개의 고문 거래처가 있고 매일 매일 생생한 실태를 접촉하게 되면 분명하게 경영이나 기업체의 생리를 알게 된다.

다만, 경영 컨설턴트는 비즈니스를 통해 알게 된 각 기업체의 비밀이나 의뢰된 컨설팅의 내용 등을 의뢰한 기업체의 양해없이는 제3자에게 누설하지 말아야 된다는 비밀을 지킬 의무를 갖고 있다.

따라서 저서나 강연에서도 일반화, 룰화(化), 체계화된 것 이외에 발표하면 안된다. 그리고 실례를 알고 있지만 예시하여 설명하기 어려운 경우가 많은 비즈니스이기도 하다. 다음에 이 비즈니스의 숙명은 고문을 의뢰받은 거래처인 기업체에 대한 잘못된 충고로 경영을 악화시키거나 의뢰받은 컨설팅 업무를 실패시키면 안된다는 점이다. 이것은 경영 컨설팅업의 프로로서 당연한 일이지만, 한편 매우 중요한 핵심이기도 한 것이다.

즉, 연속적으로 성공하기 위해서는 완벽하며, 여러가지 상황에 통용되는 노하우·체계·이론이 필요하게 되는데 그것이 결코 쉬운 일은 아닌 것이다.

앞에서도 기술한 바와 같이 그 노하우나 체계·이론을 만들기 위하여 나는 자기 회사나 그 방계 회사에서 10여년간 자신감이 없는 노하우 등을 실험해 왔다. 한때는 이것때문에 20개 정도의 방계 회사도 만들었고 번번이 실패를 거듭한 일도 있었다. 그런 다음에 이제 발표할 수 있는 노하우나 수법, 체계가 완성된 것이다. 아직도 100％ 완벽한 것은 아니지만, 최근에는 실패하지 않게 되었다. 그리고 성공의 핵심, 수법도 확실히 알게 되었다. 이들 갖가지 수법을 지금 생각해 보면 매우 단순하고 당연한 것뿐이다. 무엇때문에 이 단순한 방법이나 원칙을 알기 위해 20년이 필요했는가? 또는 10여년간 방계 회사 등에서 실패의 실험을 해왔는가를 생각하면 우스꽝스럽기도 하다.

그러나 실패하지 않는 핵심 만들기, 성공하는 핵심 만들기에는 새로운 상품 제조와 마찬가지로 이같은 과정을 거치지 않으면 안되는 것 같다. 여기에서 나는 창업 이래 사장을 계속해 온 (주)후나이총합연구소의 업적을 실례로 들면서 성장을 위한 경영 프로세스의 일부분을 소개하려고 한다.

기업체를 발전시키기 위해서는 여러가지 방법이 있으나 실패하지 않고 성장하기 위하여는 일보 일보, 단계적으로, 순서적으로 아래에서 위로 올라가는 것이 가장 현명하다. 이것이 원칙이다. 예를들면, 나는 기업체의 성장 프로세스에는 초급 레벨, 중급, 상급의 3단계가 있다는 견해를 갖고 있다. 그리고 전술한 바와 같이, 기업체란 그 성쇠나 규모 등이 전부 톱(최고 경영자) 한 사람에 의해 대부분 결정된다. 여기에서 톱 경영인의 존재를 중심으로 대략 3가지 레벨로 분류하여 생각해 보기로 한다.

다음의 〈표 : 2〉를 보기 바란다.

이 표는 어디까지나 모델화(化)한 것이므로 이것을 실제로 활용하려면 이점을 감안하기 바란다. 이 표와 내가 창업하여

〈표 2〉 기업체의 3가지 레벨

		초급 레벨	중급 레벨	상급 레벨
모델로서의 종업원 수		100명 이하	100~1,000명	1,000명 이상
톱(TOP) 경영자의 연령		35세 이하도 가능	35세 이상이 바람직함	50세 이상이 바람직함
톱 경영자의 특성* (다음 조건을 구비하지 못하면 훌륭한 경영이 되기 어렵다)	아욕(我慾)의 유무(有無)	아욕 중심이 매우 강함	공적인 욕심도 있고 공(公)〉아(我)	공적 욕심이 대부분, 아욕은 전무(全無)
	미혹(迷惑)의 유무	있거나 없거나 관계 없음	거의 없음	없음
	지성(知性)의 강도(强度)	두뇌는 매우 좋다	두뇌는 매우 좋다	두뇌는 매우 좋다
	감성(感性)의 강도	있거나 없거나 관계 없음	있는 편이 좋음	강한 감성이 있다
	포용성(包容性)의 능력	없어도 괜찮음	가급적 포용하는 편이 좋음	무엇이나 포용할 필요가 있다
발전하는 기업체의 특성	라이프 사이클	창업(創業) 전기(前記)	창업 후기	성장기(成長期)
	주요 활동의 원동력	원맨 체제	조직으로 활동한다	자연율(自然律)로 활동한다

※ 최고(톱) 경영자의 특성을 아욕(我慾)·미혹(迷惑)·지성·감성·포용성 능력으로 구분한 이유는, 최근의 연구로 인간성이란 거시적(巨視的)으로 볼 때 이 5가지 요인으로 정해진다는 것이 알려졌기 때문이다. 훌륭한 인간성의 소유자란 '아욕과 미혹이 가급적 영(零)에 가깝고 지성·감성·포용 능력이 우수한 사람'이라고 생각해도 좋다.

사장으로 있었던 (주)후나이총합연구소의 업적과 대비하여 설명해 보자. 자기 회사를 예로 드는 것은 이것이 가장 잘 알기쉽고 나의 책임하에 공표할 수 있기 때문이다. 후나이총합연구소의 창업시 상호는 (주)일본마케팅센터라고 했었다. 창업은 1970년 3월 6일, 오사카(大阪)시에서 자본금 백만엔, 종업원 7명, 8명의

〈표 3〉 (주)후나이총합연구소 업적 추이(推移)

결산기	1[*1]	2	3	4	5	6	7	8	9	10
연도(서기)	1970	71	72	73	74	75	76	77	78	79
매출 이익금[*2]	0.25	0.50	0.95	1.57	2.04	2.86	4.41	6.21	8.40	11.87
경상 이익금	139	261	829	1,871	2,085	3,677	8,482	12,888	17,770	31,062
결산기	11	12	13	14	15	16	17	18 (기(期))		
연도(서기)	1980	81	82	83	84	85	86	87 (서기)		
매출 이익금	14.96	17.41	18.10	18.67	19.30	20.75	21.41	21.94 (억엔)		
경상 이익금	49,568	53,173	54,372	40,273	31,581	48,497	54,837	58,708 (만엔)		

※1 : 제1기(1970년도)는 3월 6일~12월 31일이고, 제2기 이후는 매년 1월 1일~ 12월 31일의 실적이다.

※2 : 매출이익금과 경상이익금만의 액수로 '업적의 추이'를 정한 것은 이 두가지로서 정확하게 업적을 판단할 수 있기 때문이다.

1. 이 표를 통해
  (1) (주)후나이 총연(總研)은 창업 이후 매기마다 증수(增收)가 계속된 것을 알 수 있다.
  (2) 제14, 제15에는 증수인데도 이익이 감소된 것을 알 수 있다.
  (3) 제2기~제13기, 제16기 이하는 증수(增收), 증익임을 알 수 있다.
2. 또 (1) 제1~제12기까지는 창업 전기(前期)였다는 것을 알 수 있다.
  (2) 제13~15기 사이에는 경영 전략적으로 큰 변화가 있었다는 것을 알 수 있다.
  (3) 제16기 이래는 창업 후기에 들어선 것을 알 수 있다.

주주(株主)로 출발했다. 1985년 3월 5일 창업 15주년을 맞아 회사명을 변경했으나 창업때 부터 결산일은 매년 12월말이고 1987년 말로 제18기 결산을 끝낸 기업이다. 그동안 매년마다 매상이 증가되어 왔다.

1987년 말의 자본금은 3억 8천 52만 7,502엔, 종업원은 정식사원이 183명이다. 이 시점에서 30억엔이 넘는 유동자산, 13억엔이 넘는 고정자산, 약 19억엔의 유동부채, 4억엔이 넘는 고정부채, 자본관계 총액은 약 21억엔이고 총자본은 44억엔에서 약간 부족한 것이 밸런스 시트에 나와 있는 수치인데, 〈표 : 2〉와 같은 판단에 따르면, 창업 후기에 들어선 뒤 궤도에 올랐다고 판단된다. 왜 그러냐면 〈표 : 3〉에서 볼 때 창업후 11년간, 제12기의 결산기까지는 순조롭게 수익의 증가가 계속되고 돌발적인 성장 업적이 1982년에 분명해졌음을 알 수 있을 것이다.

물론, 상세히 볼 때 그 경향은 경상 이익에서 1981년에도 나타나고 있다. 1980년의 4억 9,568만엔에 비해 다음해인 1981년의 경상이익은 5억 3,173만엔으로 거의 신장이 없고 그 이전의 급신장에 비하면 큰 전환점에 이른 것을 숫자상으로 분명히 알 수 있다.

창업후, 이때까지의 (주)일본마케팅센터는 문자 그대로 나의 개인회사였다. 1980년 말에 종업원수는 98명, 1981년 말에는 110명, 1982년 말에는 135명, 1983년 말에 157명인데, 나는 사장으로서 종업원수가 100명이 넘는 1981년경부터 회사의 안전 경영, 종업원이나 그 가족의 생활문제 등에 관해 신경쓰게 되었다. 만일, 지금과 같은 상황에서 내 책임하에 있는 회사가 도산한다면 어떻게 될 것인가를 진지하게 생각한 것이 이때였다.

한편, 후나이식 경영법의 체계화 및 경영에서의 성공 수법도 거의 완성되어 갔다. 그러한 상태에서 1982년~84년, 말하자면 결산기로 말하면 13기에서 15기의 3년간에 걸쳐 후나이(船井) 개인 회사에서 사원 전체의 회사에로 전략적 대변화를 맞게 된 것이다. 물론, 그 당시 주주는 거의 100%가 종업원이었다.

후나이 유끼오(船井幸雄)라는 인간이 존재하지 않아도 충분히 경영체로서 존재하는 회사, 더구나 매년 성장하고 발전되는 회사로 전환하기 위해 전력투구해 온 것이다. 여기에 소요된 시간은 4년 정도가 걸린듯 하다. 그 대부분은 이 2장(章)에서 기술하게 될 초급 레벨인 노하우의 완전 마스터와 중급 레벨의 기초 수법인 레벨 향상법(조직적 행동법)의 터득이었다. 어쨌든 이 크나큰 전략 전환도 1985년 가을경에 완전히 성공했다.

그래서, 경영 컨설턴트와 같은 비즈니스는 창업자 1대에서 끝났다거나 조직적 운영이 어렵다고 하는 징크스 가 후나이 총합연구소에서는 깨진 듯하다. 그것이 1985년 이후의 업적에서 확실히 나타났고, 앞으로도 이같은 경향은 당분간 계속되리라 생각된다.

나의 회사는 현재, 겨우 초급 레벨에서 중급 레벨의 발전 프로세스로 들어섰다고 할 수 있을 것 같다. 어쨌던 여기에서 기술하고 싶은 것은, 2장에서의 수법이나 원칙에 대한 설명인 예비지식으로서의 올바른 수법과 노하우는 상식적이며 간단하다는 것과 함께, 경영에는 레벨이 있으므로 첫단계 부터 순서적으로 마스터하는 것이 옳다는 것. 그것이 불가능할 때는 초급에서 중급으로 전환될 때의 우리 회사처럼, 업적을 크게 저하시키지 않을 수 없다는 것 등을 알기 바란다.

중급 레벨에서 성공하려고 하면 우선 초급 레벨의 수법이나 원칙은 전부 마스터하지 않으면 안되고, 상급레벨에서 성공하려고 하면 초급과 중급 레벨의 수법·원칙·철학 등을 완전히 터득하지 않으면 안된다고 말하지 않을 수 없다.

이같은 점을 이해한 후, 다음에 기술하는 수법이나 원칙을 알기 바란다. 그런데, 내가 만든 경영수법이나 룰화(化)된 경영법칙이라고 하는 것은 아마도 수백가지가 있다고 생각한다. 나에 대하여 잘 알고 있는 다나카(田中彌千雄)씨가 편찬한《후나이식 101의 경영법칙》이 있을 정도인데, 나도 정확한 숫자를 잘 모른다. 그러나 크게 정리하면 다음에 기술하는 8가지의 원칙적 수법밖에 없다. 여기에 모든 것이 포함되는 것이다.

1. 베이식 학습법(초급의 원칙 수법 · 1)
－둔(鈍) · 근(根) · 신(信) · 동지(同志) 만들기의 버릇이
필요하다－

후나이총합연구소의 고문 거래처로 간사이 (關西) 지방에서
유명한 학습숙(學習塾)이 있다. 여기의 숙장(塾長) 선생은 보통
수준의 중학생에게 1학년의 3학기경 부터 1주에 2회(1회에 2.
5시간 정도)의 학습지도만으로 거의 90 % 이상 일류고교에 진학
시키며, 더구나 그들의 대부분은 고교 졸업후에도 동대(東大)
나 경대(慶大) 등 일류대학에 입학시키는 실적을 갖고 있다.
과거 10여년 간에 걸쳐 매년 이같은 실적이 있었으므로 그의
학습 평가는 현재도 유명한데, 그 숙장이 작년에 나를 찾아와
상담하게 되었다.

"후나이 선생, 내가 장시간 또는 일정시간 이상 직접 교육시킨
학생은 틀림없이 일류고교나 일류대학에 입학하는데, 우리 숙
(塾)의 다른 선생님들에게 맡기면, 다른 숙(塾)보다는 훨씬 좋은
편이긴 하지만, 내가 가르친 학생보다는 상당히 일류교에 대한
합격률이 저하됩니다. 내가 알고 있는 핵심이나 요령을 다른
선생들에게도 알려주는 방법을 강구해주십시요". 이것이 숙장
선생의 부탁이었다.

이 숙장님은 훌륭한 인간성의 소유자이고 숙교육에 생명을
걸고 있는 천재적인 기질을 갖고 있었다. 그런데, 자칫하면 이런
분들이 스스로는 올바른 요령이나 노하우를 터득하고 있으면서
도 규격화하거나 체계화 시켜 타인에게 알려주는 데는 능숙하지
못하므로 그의 고충을 이해하기에 충분했다. 그래서 어느날 그의
수업 상태를 보게 되었다. 여기에서 알게 된 것은 내가 만든 성공

을 위한 베이식 학습법 즉, '둔(鈍)·근(根)·신(信)·동지(同志) 만들기의 습관화'와 똑같은 것을 숙장이 학생들에게 가르치고 있다는 것이었다. 이것을 설명하면 다음과 같다.

(1) 둔(鈍)－천직발상(天職發想)을 가져라, 그리고 습관화 할 것.

이 숙장은 학생들에게 우선 근면할 것＝기억이나 깨닫는다는 것은 선택적인 것이 아니라 무조건적이라는 것을 가르치는 것이다. 더구나 즐거운 일이고 즐겁게 만드는 일이라고 가르친다.

성공하는 사람은 누구나가 자기에게 주어진 일을 천직이라고 생각하고 노력하는 사람과 같다고 할 수 있다. 토요토미히데요시(豊臣秀吉)는 상전의 신발 대령이나 말단의 무사(武士) 등 무엇이나 자기에게 주어진 것은 천직(天職)이라 생각했다. 그래서 전력투구하게 되고 즐겁게 천직을 완수하는 방법을 생각하였다.

이 주어진 직업이나 노력이 어떤 상태이건, 여기에 대한 천직적(天職的) 발상의 습관화는 성공인의 제1조건이 된다. 여기에 대하여는 직장의 선배들이 어느 정도 신경을 쓰고 배려할 필요가 있는데, 자기가 맡은 일이 천직(天職)이라는 발상을 갖도록 하는 무드(mood : 분위기) 만들기, 예컨대 사풍(社風)의 조성과 몇사람들이 참여하는 소집단(小集團) 활동을 통해 분위기를 만들면 효과적인 것이다.

이 세상에서 성공인의 행운이란 것이, 둔질(鈍質)과 근기(根氣)에서 온다고 하는 의미의 둔감은 '무엇이나 즐겁게 철저히 착실하게 하는' 습관적인 버릇이란 뜻이다.

(2) 근기(根氣)－완전주의(完全主義)의 권장과 습관화

다음에 이 숙장(熟長)은 수학이나 영어에 있어서도 어떤 레벨(예를 들면, 학생이 일류고교 시험에서 90점 이상 얻을 수 있는

수준)에 도달될 때까지는 철저하게 정력적으로 집중 지도를 강행하는 것이다. 거기까지 도달되지 못하고 중간에서 포기하거나 도망치는 것은 절대로 용납되지 못하며 끝까지 노력하여 달성하게끔 하는 것이다.

이것은 사회인에 있어서도 성공하는 사람에게서 발견되는 습관이나 버릇＝무엇인가에 한번 작심하면 중간에서 포기하지 않고 끝까지 완벽하게 마스터한다＝체득(體得)할 때까지는 중단하지 않고 실행하는 습관적인 버릇이다.

이것이 소위 '행운·둔질(鈍質)·근기(根氣)' 중의 근기인데, 뿌리가 완전히 땅속에서 정착되듯이 기초를 튼튼히 한다는 뜻으로 생각하면 된다. 이것은 선배나 지도자들이 강제적으로 한번만 습관적인 버릇을 갖도록 하면 누구나가 그 효율성이나 메릿드(장점)를 알게 되므로 비교적 간단히 몸에 익힐 수 있게 된다.

(3) 신념(信念)－스승을 받들 것, 그리고 스승과 자기를 믿는 습관적인 버릇.

그 다음에 이 숙장은 '내가 말하는대로 하면, 이와같이 학교 성적도 좋아지는 것이다'라고 실적을 통해 스승을 믿도록 가르치는 것이다. 사실상, 습관적으로 둔질(鈍質)과 근기(根氣)있는 버릇을 체득하는 도중에는 누구나가 자연스럽게 '정직'하게 되고 '노력파'가 되므로 학교 성적도 상당히 상승된다. 모르는 것은 숙(塾)에서 충분한 설명과 함께 가르쳐 주므로 스승의 고마움을 느낄 수 있다. 또, 단시일에 성적이 높아지고 때로는 중학교 시대에 가장 열등생이었던 학생이 일류 고교를 거쳐 동경대학에 합격한 실례 등이 확인되고 이들 선배들과 인간관계를 갖게 되면 스스로 자신감이 넘치는 것이다.

이와같이, 스승이 있다는 즐거움과 보람을 알게 되면 스승과 자기의 능력도 믿게 되는 것이다. 이것이 2년간 계속되면 습관적

버릇으로 굳어지는 것이다.

사회인에 있어서도 마찬가지이다. 후나이식 경영법에서는, 컨설팅을 의뢰한 거래처의 경영인이나 간부 또는 회사 전체에 대하여 ① 우선 성공의 3조건이라고 하는 지속적인 근면성, 정직성, 플러스 발상을 습관화 하고, ② 다음에 스승과 친구 만들기를 가르쳐 주는데, 이것은 스승과 알게 되고 가르침을 받음으로서 올바른 요령을 터득하며 감사하는 마음으로 스승을 믿게 되고 자신감을 갖는 것이며, 친구를 사귐으로서 선의의 경쟁과 격려를 통해 목적을 빨리 달성하게 되는 것이다.

인간에게는 생각하는 것과 믿는 바가 실현된다는 특성이 있다. 훌륭한 스승을 발견하고 그로부터 배운다는 것은 가장 효과적으로 발전적인 생각과 신념을 갖는다는 것이다. 스승에 대해서나 자기에게 대해 신념을 갖는 것이 성공의 핵심인 것을 알게 되면 훌륭한 스승의 존재는 하나의 노하우가 된다.

이 경우의 스승이란 현실적인 존재가 아니라도 된다. 기업도, 공장도, 점포나 시스템 또는 상품이라도 괜찮다. 무조건 올바르게 가르쳐 주는 것, 그리고 믿을 수 있는 것은 스승이라고 말할 수 있다.

이 '스승 만들기'의 노하우는 '스승을 받들고 싶다'고 생각하는 일이다. 나의 회사에서 코스모스 클럽, 후나이 클럽 등 회원제의 연구 모임에서 '스승과 친구 만들기'를 돕고 있고, 각종 클리닉(임상 강의)나 휴먼네트워크 등에서도 점포나 공장, 기업 또는 상품이나 시스템의 모델 탐색을 도와주고 있는데 '스승이 필요하다, 만나고 싶다, 모델을 알고 싶다'고 생각하면 정보화 사회인 현대에서는 비교적 간단히 발견된다고 할 수 있다.

(4) 동지(同志) 만들기

마지막으로, 이 숙장 선생은 동지(同志)의 중요성을 훌륭하게 가르치는 것이다. 동지가 있으므로써 이 세상에서의 삶의 태도, 질서나 동정심의 중요성을 알게 되고 격려와 상호 경쟁의 즐거움 도 알게 된다. 인간이란 자기 혼자서 사는 것이 아니고 한정된 일생이므로 가급적 효율적으로 사는 편이 좋다. 그러므로 동지와 '동지 만들기'의 중요성을 잘 알지 않으면 안되는 것이다.

이것은 학습숙(學習塾)의 학생뿐만이 아니고 사회인에게서도 마찬가지인데, 성공인일수록 동지를 중요하게 생각하고 서로 격려하면서 경쟁하는 것이다. 이와같은 수법도 마음만 먹으면 즉시 행동할 수 있고 여기에 습성이 생기면 '동지 만들기'는 인간 의 본능과 같은 것이므로 별로 어려움이 없는 것이다.

같은 무리끼리는 서로 친구를 찾는다는 말이 있다. 그런 의미 에서도 좋은 친구를 찾게 되는 것인데, 누구나가 자율적으로 자기의 사회적 가치를 추구하는 것이 매우 중요하다.

어쨌던, 성공을 위한 초급 원칙의 수법은 '습관적인 둔질(鈍質)·근기·신념·동지 만들기의 버릇'이다. 이것만으로 성공을 위한 기초적 능력의 대부분은 마스터된다고 할 수 있다. '베이식 학습법'이라고 말하는 이유가 여기에 있다. 여담이지만 이런 것들을 학습숙(學習塾)에서 가르치고 있으므로 여기에서 숙장 선생으로 부터 배운 아이들은 일류고교나 일류대학에 합격되기 마련이라고 말할 수 있을 것이다.

2. 플러스 발상법(초급의 원칙 수법·2)
─이것으로 미인도 쉽게 된다─

앞에서 플러스 발상과 마이너스 발상에 대해 약간 설명한바 있는데, 우리 인간에게는 '생각하는 바가 실현된다'고 하는 인간 만이 가진, 그리고 창조주로 부터 부여받은 특성이 있다고 말해도 될 것이다.

만나는 사람마다 전부 행복하게 만들었고, 성공시킨 사람으로 유명하며, 수년 전에 작고한 죠셉·머피란 사람이 있다. 이 사람은 목사이면서 철학자, 심리학자인데 정신적인 작용에 관한 여러 가지 법칙을 만들고 실천 지도한 사람으로서 저명하다. 그의 저서로는 《인생은 생각에 의해 변한다》《당신은 부자가 될 수 있는 무한한 능력이 있다》 등 20여권이 있다.

그런데, 머피 이론을 간단히 설명하면,

'좋은 일을 생각하면 좋은 일이 생긴다. 나쁜 일을 생각하면 나쁜 일이 생긴다. 그러니까 훌륭하게 살기 위하여는 훌륭한 생각을 갖자'는 것이 된다. 이 머피 이론은 마음, 특히 의식(意識)의 능력을 룰화(化)하고 그 능숙한 이용법을 설명한 것인데, 현재는 그 이론의 정당성이 실증되어 가고 있고, 또 학자에 의해 증명되어 가고 있다.

예를들면, 마음의 연구에 있어서 캐나다의 심리학자인 펜·필드박사는 '마음은 불가사의한 에너지를 갖고 있다. 다른 조건이 같다면, 그 사람의 믿는 방법에 따라 물리현상이나 결과는 달라진다'고 말하고 있다.

그리고, 양자역학(量子力學)의 세계에서도 그 의식력(意識力)은 확실히 증명되고 있다. 현대 물리학의 큰 지주(支柱)가 양자역학이고 이것이 원자력이나 LSI, 레이저 기술 등을 뒷받침하고 있는 것은 널리 알려진 사실이다. 그런데, 이 양자역학이 우리들에게 재미있는 사실을 제공하여 주었다. 그것은 '보아·아인슈타인 논쟁'이라고 하는 것으로, 물리학계에서는 유명한 쟁점이었는데, 1982년에 파리대학 아레느·아스펙트에서 있었던 실험에서 '보아'의 주장이 증명된 것이다.

노벨상의 수상자이며, 덴마아크의 이론물리학자인 닐스·보아는 슈레징거와 함께 양자물리학의 아버지로 유명한 분인데, 그는 '원자의 세계에 있는 것은 인간에 의해 의식적으로 관측이 행해질 때만 구체적으로 존재가 명확하고 평상시는 존재가 확실하지 못한 망령(亡靈)과 같은 것이다'라는 가설을 만들어 발표했다. 그러나, 여기에 정면으로 반대한 것이 아인슈타인이었다.

양자역학은 파동관수(波動關數)를 확률적으로 해석하고 미시적(微視的)인 현상의 인과적(因果的) 기술을 무시한 것인데, 아인슈타인은 '미크로적인 현상에도 인과적인 것이 있고 확률론은 정보 부족을 보완하기 위한 것에 불과하며 따라서 양자역학은 물리이론으로서 완전하지 못하다'고 비판하다가 세상을 떠났다.

그러나, 오늘날 원자 세계의 어느 것은 환영(幻影)과 같은 것이고 인간의 관측에 의해 처음으로 실재한다는 것이 과학적으로 용인하게 되어 지금쯤은 아인슈타인이 '보아군! 자네 말이 옳았어!'라고 저승에서 둘이 대화를 나눌지도 모른다.

어쨌던, 현재 시대의 최첨단에 있는 양자역학은 우리들의 의식이라고 하는 측량할 수 없는 것을 그 이론 속에 포함시키고 있는 것이다. 또 '캐링톤·머피이론'으로 유명한 영국의 4차원 과학자 캐링톤 박사는 '실험 될 수 있는 한도에서 4차원 현상의 세계에서는, 믿거나 기원하는 바와 같이 어떤 일이 나타날 경우가 많다'고 주장하고 있다.

여기에 대하여는 나도 실질적인 경험으로 충분히 이해할 수 있고 독자 중에는 체험상으로 이해하는 사람이 있을 것이다.

그런데, 나카무라(中村天風) 선생의 주장을 뒤받침할 것으로 생각되는 유명한 엘마·케이츠 박사는 액체 공기로 냉각시킨 유리관 속에 여러가지 심리상태를 가진 사람의 품어낸 호흡을 투입시킨 실험을 하였는데, 다음과 같이 말하고 있다.

'보통 상태의 토해낸 숨을 투입했을 때는 그 속의 휘발성 물질이 굳어져 무색에 가까운 액체가 된다. 이 액체나 물질은 해롭지 않다. 그러나 화가 난 사람의 것은 밤색 찌꺼기가 남는다. 이것을 쥐에게 주사하면 신경과민이 된다. 더구나 격노하고 있는 사람의 것인 경우는 쥐가 몇분 내에 죽어버린다'라고.

이것은 화를 내거나 마음이 불쾌하면 인체에 나쁜 물질을 생산한다는 증명인데, 인간의 마음이나 의식은 이와같이 실로 위대한 에너지나 파워를 갖고 있는 것이다.

어쨌던 플러스 발상=좋은 일을 생각하는 것은 매우 바람직한 일이지만, 마이너스 발상=나쁜 생각은 실수라 하더라도 피해야 된다. 사실상 경영의 세계에 있어서도 발전하는 사람은 플러스 발상형 인간이고 실패하는 사람은 마이너스 발상형 인간이다. 이것은 누구나 세상 물정을 어느 정도만 알게 되면 쉽게 이해된다.

알기쉽게 말하면, 인간은 성장 발전하는 조건을 탐구하고 노력하면 틀림없이 성공하며, 아무리 쉬운 일도 불가능한 조건이나 나쁜 조건만을 찾아 이유만을 파고들면 성장하지 못할뿐만 아니라 오히려 후퇴한다고 볼 수 있다. 이것은 마이너스 발상·욕설·비판·변명을 잘 하는 사람들에게 발전하는 사람이 없다는 것으로 충분히 증명된다.

그러므로 성공을 위한 초급 원칙의 하나인 베이식 학습법을 터득하여 습관화 한 다음에 두번째로는 '플러스 발상법'을 몸에 익히도록 하는 것이다. 플러스 발상법을 터득하려면 리더나 선배가 측면 지원하고 본인의 가장 가까운 문제부터 플러스 발상을 시작해 실현시키는 습관이 가장 효과적이다.

여자라면 '빨리 예쁘게 되고 싶다'와 같은 발상이 가장 좋고 남자라면 '당면 문제를 원만하게 해결하고 싶다'와 같은 것이 바람직하다. 가급적이면 구체적으로 자기 신변 문제부터 실험하는 것이다. 일반적으로 단기간에 실현될 것이다.

다만, 여기에서 주의할 문제는 지도하는 리더나 선배가 플러스 발상형이고 플러스 발상을 실현시켜 본 성공 경험이 있어야 된다는 점일 것이다. 어쨌던 이것은 즐거운 수법이므로 보통사람이면 리더나 선배가 없이도 실천할 수 있다. 즉시 착수하는 것이 바람직하다.

3. 행운의 원리 응용법(초급의 원칙 수법 · 3)
 ─이것이 후나이식 '즉시 업적 향상법의 원리'─

'운(運)'이 좋고 나쁘다거나 '행운이 있다', '재수가 없다'와 같은 것에 관해서는 어느 사이에 나도 프로가 된 것 같다. 많은 경영자들을 관찰해 보면 '운이 좋다'거나 '재수가 있다'는 것은 경영인으로서 성공을 위한 필수조건처럼 생각되기도 한다.

나는 인간에게 있어서 이 '운명'이나 '재수'가 자기의 사고방식, 노력 여하에 따라 변화되는 것으로 느껴진 것이 불과 몇년 전이다. 나는 1980년 경부터 트랜스 · 퍼셔널 심리학에 본격적으로 관심을 갖게 되었다. 내가 심리학과 깊은 관련을 갖게 된 것은 대학 졸업 후, 산업심리연구소에서 연구를 시작했을 때 부터니까 30년이 넘는데, 예외가 아니어서 시그먼드 · 프로이트로부터 시작하여 알프렛 · 아들러를 경유하여 칼 · 융으로 발전했다.

한편, 아브라함 · 마슬로우의 '가능성의 심리학'에 의해서도 크게 영향을 받았는데, 최근에는 켄 · 윌버나 스타니스러프 · 크로프의 사고방식에 대하여도 이해하게 되었다.

어쨌던 현재 나는 양자역학과 붓다로 대표되는 동양적인 사고(思考), 그리고 트란스 · 퍼스널 심리학이 일체화 되어 이해되기 시작했다. 모두가 같은 것을 추구하고 있고 같은 결론이기 때문이다. 이와 동시에 '운'이나 '재수'의 원리도 분명해진 것 같다.

여기에서 본론으로 들어가기로 한다. 어려운 이론은 빼고 여기에서는 결론(가설)만을 서술하기로 한다. 다음의 가설을 나는 '창조주와 인간의 원리'라고 말하고 있다.

(1) 창조주 또는 창조주적인 것은 존재한다.(이 존재를 인정하지 않으면 여러가지 현상(現狀)을 설명하기 어렵다).

(2) 창조주나 우주나 인간 등 모든 존재물은 생성 발전중에 있다. 이것은 영원히 계속될 것으로 생각된다.

(3) 이 우주에서, 창조주의 의지가 인간과 같은 지적(知的) 생명체가 존재하는 곳에서는 그 의식(意識)과 행동에·의해 대부분 실현되는 것 같다. 그러므로 인간의 책임은 중대하다고 할 수 있다. 따라서 지구 전체는 물론이고 지구상에 있는 모든 사물의 생성발전 방향과 그 열쇠는 인간이 쥐고 있다고 말할 수 있다.

(4) 또 지구상의 자연현상은 물론이고 개개인의 인간·인류·동식물의 장래는 현재에 있어서 모두 인간의 의식과 행동에 의해 대부분 결정된다고 볼 수 있다.

(5) 그래서, 창조주 또는 창조주적인 것은 인간을 그의 의지에 올바르게 따르도록 하기 위해 인간에게 확실하게 그 사고나 행동의 선악을 알려주는 신호를 보이게 하고 실감하도록 한 것 같다. 즉, 인간이 창조주의 의향에 따르는 의식을 가지고 행동하면 인간에게 '행운'을 주고 반대되는 행동을 하거나 의식을 갖게 되면 그에게 '불운'이나 '불행'을 갖게 한다고 생각하면 될 것이다.

그뿐만이 아니라 '운'이 있는 사람=재수가 좋은 사람은 건강하고 아름다우며 더구나 명랑하고 따뜻한 인간성을 가지고 행복한 나날을 보낼 수 있으나, 그 반대인 사람은 항상 질병으로 시달리고 나이보다 빨리 노화되며, 또 어둡고 차가운 인간성이 되며 불행한 나날을 보내게 된다……고 생각하면 될 것이다.

이상은 매우 조잡한 가설(假說)처럼 보이겠지만, 20년이 넘는 경영 컨설턴트 경험과 트란스·퍼스널적인 연구 결과에서 배우게 된 1981년경 도달된 가설이다.

그 후, 이 가설은 나의 경험과 연구가 더욱 깊어진 현재에 와서 더욱 확실한 것으로 생각하게 되었다.

이상의 가설 (3) (4) (5) 등에서, 한사람의 '운'이나 '재수'란 것은 물론이고 회사나 국가의 '운'이나 '재수'란 것도, 그것을 구성하는 인간에 의해 결정된다고 생각하는 것이 옳을 것이다.

물론, 다음에 기술하는 '재수의 원리'라고 하는 원칙 즉, 일반론으로서,

① '재수가 있는 사람'과 교제하면 재수가 있고 ② '재수없는 사람'과 접촉하면 재수없게 된다……고 하는 것은 이 '창조주와 인간의 원리'의 응용이라고 분명히 말할 수 있다.

그래서 이 원리를 응용한 '후나이식 경영법'의 한가지 수법에 '즉시업적 향상법'이라는 방법이 있다. 이것을 개발했기 때문에 나는 불운(不運)한 회사와도 접촉할 수 있었고 그들의 업적을 상승시켜 행운의 기업체로 만들 수 있었다. 이것은 내가 만든 대표적인 방법이라고 말할 수 있다.

이것은 1975년 경에 경험적으로 개발한 것인데, 그 후 '재수의 원리'에 의해 증명하고 체계화 한 것이다. 이것을 나의 저서《출세인의 인간학》에서는 다음과 같이 설명하고 있다. 알기 쉽다는 평판이었으므로 그대로 전재(轉載)하기로 한다.

　예를 들면, 이미 말한바와 같이, '재수가 있는 사람과' 교제하면 무엇때문에 '재수'가 있게 되는가?

　'생각하는 느낌'과의 관계를 근거로 설명해 보자.

　일반적으로 '재수가 있다'는 것은 시대적인 흐름에 맞거나 또는 그 존재성(存在性)이 매우 유용(有用)하고, 뚫고 나갈 수 있는 경쟁력이 강하며 존재가치가 있는 것이라고 생각하면 좋을 것이다. 인간의 중요한 특성은 '나는 생각한다. 그러므로 존재한다'는 말과 같이 의식적으로 생각한다는 점이다. 더구나, 누구나가 '행운'을 갖고 싶다고 생각한다.

　'재수가 좋은' 사람과 친해지고 '행운의 상품'을 알게 되면 이것이 일반적으로 강력한 임팩트(충격)와 함께 닥쳐오는 것이다. 이때 누구나가 '어려울지 모르나 나도 이 사람과 같이 되고 싶다' '이같은 상품을 취급하고 싶다'는 생각을 갖게 되는 것이다. 더구나 어느 정도 교제하게 되면 그 사람과 같이 되는 방법, 그같은 상품을 취급하는 방법도 차차 알게 된다. 자기에게도 가능하다는 생각을 갖게 된다.

　그래서, 대부분의 사람들은 '기대'와 함께 '모방'하게 되는 것이다. 즉시 효과가 나타난다. 자신감이 붙는다. 그러면 '의욕'이 강해진다.

　이렇게 되어 '행운'이 붙게 되는 것이라고 말할 수 있는 것이 아닌가라고 나는 생각한다. '간절한 소망은 반드시 실현된다'는 말과 같이, '재수있는 것'을 알며 이것과 만나게 되면 이에따라 보통사람에게 반드시 나타나는 '재수있게 되고 싶다'거나 '그 사람과 같이 되고 싶다'라고 의욕을 갖게 되며, '모방'하는 행동이 '행운'을 가져 오는 원리(原理)라고 해도 좋을 것이다. 그러나 그것은 결과적으로 능력을 갖게 하므로 '행운'이라고 말할 수 있을 것이다.

젊었을 때, 문학 청년이었던 나는 친구들에게 '자네, 훌륭한 소설가나 작가가 되려면 진짜 소설가와 교제하여야 된다'고 말한 바 있는데, 확실히 이같은 방법으로 능력을 갖게 되고 행운을 차지한 사람들이 많다. '진짜'란 것은 능력 있는 것이고 재수있는 존재라고 생각하는 것이 좋을 것이다.

이렇게 생각할 때, '행운을 가진 사람'과 만나는 것은 참으로 좋은 일이고 '재수없는 존재'와의 접촉은 자기에게 상당한 능력이 없는 한, 너무 적극적으로 접촉하지 않는 것이 좋다고 생각한다.

독자 여러분도 여기에 관심을 갖기 바란다. 여기까지 읽은 여러분은 '이제 어떻게 하면, 행운을 갖게 되는가를 대충 알았는데, 어떻게 실천하는가를 가르쳐 달라'고 생각하게 될 것이다.

어쨌던, 타인이 성공한 실례를 보고 이론적으로 알게 되거나 머리로 이해는 가능해도 실천까지는 매우 어려운 것이다. 그러나 실천이란 것은 처음에 착수를 잘하면 그 다음부터는 원만하게 진행되는 것이다.

그러면, 여기에서 초보적인 '행운 실천학' 강의라고 생각하고 이야기를 진행시켜 보자. '행운을 갖기' 위해서는 그와같은 당사자와 교제하는 것이 좋다…… 라는 것을 알게 되면, 우선 외부에서 '재수있는 사람'이나 '행운의 성공인'과 어울리는 것을 대부분 생각하게 되는 것이다.

그러나, 외부의 '행운인'과 어울린다는 것은 자기에게 '행운'이 없는 이상, 동류의식(同類意識)을 갖기 어려워 접촉이 힘들고 또 잘 알수 없는 상대편이기 때문에 접촉방법이 힘든 경우가 있다. 그래서 이 문제는 뒤로 미루고 실천학으로서는 우선 '잘 알고 있는 것' 더구나 '편하게 접촉할 수 있는 것부터 어울리는 것'이 좋은 것이다. 솔직하게 말하면 그것은 자기 안에 있는

‘행운적인 요소’ ‘재수있는 근거’와 우선 먼저 관계를 갖는 것이라고 이해하기 바란다. 이것은 개인이나 회사에서도 마찬가지다. 전체적으로 보면, 재수가 없는 경우에도 하나씩 하나씩 분석해 보면 그 중에 ‘다행인 것’도 어느정도 있는 것이다. 예컨대, 성장하고 있는 것, 만족스런 것, 좋아하는 것, 자신감이 있는 것 등은 ‘행운의 것’일 수가 있다. 우선 이런 것 등에 신경을 쓰고 이것을 발전 신장하려고 하는 것부터 시작하는 것이 바람직하다. 이같은 관점에 서면 자기 주변에서 ‘재수 있는 것’을 얼마든지 발견할 수가 있다.

더구나 재미있는 것은, 장점이나 만족스러운 것, 호감있는 것, 자신감이 있는 것을 발전시키면 단점이 해소되거나, 서투른 것, 자신없는 것 등이 점차로 축소되어 간다. 나는 소년시대 부터 글쓰기를 좋아했고 입상하는 경우도 많았다. 그러던 중, 책을 쓰기 시작했다. 세 권, 다섯 권으로 저서가 증가되면서 유명해지고 강연 의뢰도 점차 증가되었으나 대중 앞에서 강연하는 것은 물론이고 일반적인 대화에도 별 흥미가 없었다. 처음에는 강연에 대한 요청을 기피했으나 어쩔 수 없이 받아들이게 되었고 지금은 비약적으로 발전했다.

현재도 대화는 능숙하다고 생각하지 않는다. 강연이 나의 직업은 아닌데도 매년 300회 이상의 의뢰를 거절할 수 없게 되었고, 현재는 몇 백명의 청중 앞에서도 정해진 시간에 주장하는 이야기를 빈틈없이 말해 청중을 만족시킬 수 있다고 자부하고 있다. 나는 특기인 문장력을 대중과의 대화에서 발전시키므로서 서투른 강연을 발전시켰다고 할 수 있다.

재미있는 일이다. 나는 현재, 글쓰는 것이나 강연이 본업은 아니지만 ‘프로’가 된 듯하다. ‘프로의 경지’란 것은 비전문가가 성장 발전하여 전문가의 수준에 이른 것을 뜻하는데, 자기 주변 가까이에 있는 장점을 살려 개발하는 동안에 행운이 붙고 단점이 해소되면 가능한 것이라고 할 수 있다.

여기에서, 구체적으로 내가 고문을 맡고 있는 사업과 연관시켜 실례를 들기로 한다. 이 소매점은 전년에 비해 매상고가 10 % 정도 하락되었다. 이익도 90 %가 떨어져 잘못하면 적자를 감수할 단계였다.

매일, 전날까지의 상세한 판매통계가 제출되므로, 전해에 비해 매상고가 특히 하락한 상품의 매상고를 원상 복구하려고 주력한다고 한다.그러나 아무리 노력해도 성과는 없고 업적은 악화된다. 어떻게 하면 되겠는가 하는 것이 나에 대한 어드바이즈 의뢰였다.

그래서 나는 다음과 같이 말했다.

"나는 승부 겨루기를 좋아한다. 비교적 강한 편이라고 생각한다. 또, 장기나 바둑의 전문기사들과도 교류가 있다. 이같은 프로 기사들은 큰 대회를 앞두고 가급적 '재수가 있는 사람' '젊은 사람' '매우 활성적인 사람'과 교류한 뒤, 대회의 대국 장소에 가면 승리할 경우가 많으나, '재수없는 사람' '노인' '소극적인 사람이나 병자'들과 바둑을 둔 다음에는 패배하는 경우가 많다고 한다.

그 이유는 '재수가 좋은' 사람과 접촉하면 행운이 오고 '재수가 없는' 사람과 사귀면 재미가 없다는 세상에 흔히 있는 상식적인 것일 뿐이므로 누구나가 쉽게 이해할 것이다. 이 논리는 올바른 것 같다. 흥미있는 분들에게 올바른 이유를 설명하기로 한다.

그런데, 이 점포는 전체적으로 전년에 비해 매상고가 10 % 떨어졌다. 그러나 상품 분류 때마다 통계에 나타나고 있는 것을 보면, 그 중에는 전년에 비해 30 %나 50 % 매상고가 증가된 상품도 있었다. 이같은 것은 행운의 상품이라고 할 수 있다. 전체적으로 저하했는데도 매상고가 오르고 있으므로 상품력이 있거나 시류(時流)에 잘 편승하고 있는 것이다. 그래서 특히 이같이 전년비 130％ 이상의 매상고를 올린 상품에 대하여는 매장 면적을 현재보다 1.2배로 증가시키고 다음에 점두(店頭) 재고는 1.5배로 증가할 것. 이같은 '재수있는 상품'은 매장이나 재고를 증가시켜도 손실이 발생되지 않는다. 오히려 매상이 신장된다. 아마도 3개월이 지나면 전년에 비해 2배 정도가 될 것이다.

또, 가능하면 전년비 10％ 이상 떨어진 상품은 가급적 그대로 가만히 두도록 한다. 그들은 '재수가 없는 상품'이다. 여기에 주력하면 상당히 여력이 없으면 더욱 재수가 없게 된다. 관여하지 않는 것이 좋다. 지금 당신 점포와 같이 재수없을 때는 안되지만, 얼마후 전체가 잘되면 반드시 '재수없는 상품'도 잘될 수 있을 것이다. 이 이치를 잘 알았으면 즉시 '재수있는 상품'의 판매에 힘쓰는 것이 좋을 것이다."

20％ 정도의 사람들은 아무리해도 이해하기 어렵다는 표정이지만, 80％정도는 이해하는듯 했다. 더구나 자기 자신의 문제이므로 실천하기 쉽다. 즉시 실천했다. 3개월 만에, 매장과 점두 재고에서 증가시켰던 상품은 매상고가 전년비 200％가 되고 점포 전체의 매상고도 전년과 비슷하게 되었다. 이렇게 되면, 납득하지 못한 듯한 표정의 사람들도 이해하게 된다. 전체적인 매상고도 1년 후인 현재는 전년에 비해 120％가 되었다. '재수없는 상품'도 점차 잘 팔리고 있다.

현재, 이 점포에서는 '행운이 왔다'는 것을 기반으로 외부의 '재수있는' 동업자나 거래선과도 적극 교류를 시작했다. 아마도 점차적으로 '행운'이 상승될 전망이다.

어쨌던 우선 자기에게 있는 '재수있는 것'을 발견하고 계속하여 자기 주변의 '재수있는 것'과 접촉을 시작하며 서서히 자기가 동경하고 있는 '재수있는 사람', '행운있는 회사', '재수있는 것'

등으로 접촉을 확대하는 것이 바람직하다. 이렇게 되면 '행운'은 다시 '행운'을 불러오고 행복이나 성공을 더욱 왕성하게 만들 것이다. 끝으로 한마디 첨가할 것은 자기 스스로가 '나는 재수가 있다', '운이 있다', '행운아가 될 것이다'라고 생각하는 습관이다. 그러면 반드시 행운이 찾아올 것이다. 이와는 반대로, '나는 재수가 없다'고는 생각하지 말아야 된다. 반드시 '행운'이 도망가며 '재수'가 없게 될 것이다. 생각하는 자세는 매우 중요한 것이다.

회고해 볼 때, 나는 이 '즉시 업적 향상법'과 같은 '행운의 원리 응용법' 등을 여러가지로 만들어 왔다. 이것들은 모두가 훌륭한 성과를 올리고 있다. 이것들은 우선 자기 속에 있는 '행운적인 요소'와 만나고 이것을 성장시키면 '재수'가 생긴다는 원리의 응용인데, 단순히 '재수있는 것' 뿐만이 아니고 이것과 매우 비슷한 요소, 예컨대 '매우 효과적인 것', '장점'과 '자신감이 있는 것' 등과 철저하게 교류하는 방법이다.

한 어린이를 훌륭한 아이로 성장시키려면 그 아이의 '만족스런 점'과 '장점', '학교에서 좋은 성적을 받은 것', '자신있는 것' 등을 발견하고 그것을 인정하며 칭찬하고 그것을 중점적으로 권장하면 더욱 더 그 아이에게는 행운이 찾아오고 신장 발전을 통해 훌륭하게 된다. '미인 만들기'나 '훌륭한 관리자 양성'도 마찬가지이다. 알고 보면 매우 간단한 수법이라고 할 수 있다.

이 '행운의 원리 응용법'은 여러가지 분야에서도 응용할 수 있다. 무엇보다도 30세 정도까지, 이제까지의 젊은이들이 기술한 3가지 초급원칙 수법 즉, 베이식 학습법, 플러스 발상법, '행운의 원리 응용법'을 알고 완전히 체득하게 되면 그 사람은 반드시 '운이 좋고' '행복해지며' '성공하게 되는' 것이라고 단언해도 좋을 것이다. 이 세가지 원칙을 내가 알고 체득한 것이 45세가 지나서 부터인데, 그뒤부터 나는 운이 좋고 재수있는 사람이 되었다. 하루 속히 실천하기 바란다.

4. 경쟁 대응법(중급의 원칙 수법 · 1)
－최선의 경쟁 대응법은 '포용법'－

나는 어떤 이유인지 모르나 경쟁과 싸움에 대하여는 대단히 강하다. 체구는 작지만 완력(腕力)은 결코 약하지 않다. 그러나 여기에서 말하는 경쟁이나 싸움이란 것은 기업 경쟁이나 경합 또는 개인간의 다툼이나 지적인 것을 포함한 총합적(總合的)인 의미인 것이다. 어쨌던 나에게는 개인적으로 뿐만 아니라, 경영 컨설턴트로서의 경쟁 지도를 통해 경쟁과 싸움에 있어서 수많은 전과를 올렸다.

경쟁이나 싸움이란 최종적으로는 집념이 강한 쪽이 승리하는 것이다. 인간에게 있어서도 포기하지 않는 사람이 반드시 이긴다. 이것이 핵심이고 비법(祕法)이라고 할 것이다. 크게 어려운 일이 아니다.

나는 보통 때, 매우 소탈한 편이고 대범해 사소한 문제에 신경 쓰지 않으며 골치아픈 것은 잊어버리는 편이지만, 매듭짓지 못한 것이나 후회스런 일에 대하여는 결코 망각하는 편이 아니다. 특히, 경쟁이나 싸움에서 패배했을 때, 또는 남의 방해때문에 억울함을 느꼈을 때는 사실상 집념이 강하다. '패배했다'거나 '후퇴했다'는 기억이 싫어서인지는 모르나 결과적으로 상대방을 굴복시키고 마는 성질이 있다.

솔직하게 말해서, 젊었을 때는 경쟁이나 다툼에서 승리하면 쾌감을 느꼈다. 35세 경까지였을 것이다. 그러나 최근에는 전과

달리 승리해도 허망하게 느껴진다. 그럼에도 불구하고, 아직 인간이 미숙한지는 모르나 남에게 지는 것은 싫고 부질없을 망정 싸우는 이상은 승리할 때까지 포기하지 않는다. 그리고 승리한 다. 더구나 상대편으로부터 걸려온 싸움에는 반드시 이기고 마는 습성이 있다. 쉽게 없어지지 않는 버릇이라고 생각하지만 현 시점에서 수양 부족만으로 단정하기도 어렵다.

그래서, 자기의 기질을 알게 된 35세경 이후부터는 나 스스로 가 경쟁이나 싸움을 거는 일이 없게 되었다. 또 타인으로부터 원망을 듣지 않도록 여러가지 노력을 경주하여 왔다. 변명인지 모르나, 싸움을 하면 반드시 이긴다는 숙명과 그 허망함을 알게 된 때문이라고도 할 수 있다. 그래서 나는 지난 20여년간 스스로 가 남의 험담을 하거나 방해하는 경우는 거의 없는 것이다.

예를들면, 나는 1969년에 일본 매니지먼트 협회를 사퇴했다. 퇴직 당시, 나는 이사(理事)겸 관서(關西) 사무소 소장이었고 경영 컨설턴트로서는 비교적 유능한 편이었다고 말할 수 있다. 협회를 퇴직한 후, 현재의 회사를 창립하였는데 같은 경영 컨설 턴트 사업일지라도 전에 근무했던 일본 매니지먼트 협회의 단골 거래처나 그들의 전문 분야에 대하여는 완벽할 정도로 전혀 관계 하지 않았다. 그리고 그 후에도 일본 매니지먼트 협회에 대해 높이 평가하고 오히려 재직했던 협회에 감사할지언정 험담하거 나 방해한 일은 한 번도 없었다.

그리고 스스로 회사를 만들어 사장이 된 후에도 단골 거래처나 같은 계통의 동업자, 우리 회사 사원들을 특별히 배려하기 위해 노력했다. 분명히 말해서 나 스스로가 퇴직시킨 사원은 한 사람 도 없다. 그러나 본인 스스로가 사직하거나 독립하여 라이벌이 된 사람은 몇 사람 있다. 그리고 사직한 사원에 대하여 누가 묻게 되면 장점을 열거하면서 칭찬한 일이 많았고 경쟁 상대가 됐을 때도 나쁘게 험담한 일은 결코 없다. 이같은 구체적 실례를 말하는 것은, 역사가 비교적 많지 않은 경영 컨설턴트 세계에서 비교적 남을 방해하는 경향이 많았고 나같은 생활태도는 매우 드물었기 때문이다.

나의 이같은 생활방식은 남에 대한 결점의 지적이나 험담이 얼마나 공허한가를 경험상 알게 된 때문이지만, 본질적으로는 경쟁이나 싸움을 싫어하는 편이고, 나 스스로가 경쟁 상대가 되거나 험담의 표적이 되고 나의 방해로 '억울함'을 느끼게 하는 것이 두렵기 때문이다.

그 이유는, 도전해 온 경쟁이나 싸움에는 반드시 승리하고 싶고 한번 경쟁이나 싸움을 시작하게 되면 이기는 방법을 즉시 알게 되며, 그것이 결과로 나타나서 반드시 상대방을 패배시켜 스스로 느끼는 공허감을 가속화 하기 때문이다. 몇번 이러한 것을 경험했다. 이러한 결과의 반복은 나의 숙명인지도 모른다.

나는 어떤 의미로 경쟁에서는 탁월한 존재라고 할 수 있다. 프로적인 경쟁자라고 말해도 될 것이다. 그만큼 경쟁에 관한 저서를 많이 발간했기 때문이다. 그러나 전술한 바와 같은 특성이 있으므로 내용에 있어서도 부득이 한가지 특성이 나타나기 마련이다. 주요 저서는 《후나이식 경쟁법》이나 《인생 오륜(五輪)의 책》 등인데, 이들 내용은 경쟁에서 승리해도 부담이 없는 '선의(善意)의 경쟁' '즐거운 경쟁'이라는 범주(範疇)의 문장으로 되어 있다. 패배한 상대방에게도 억울함이 없고 복수심을 갖지 않도록 하는 내용인 것이다. 환언하면, 인간이 시도하는 경쟁이나 싸움에서 자칫하면 적절한 정도를 잊게 되는 특성이 있는데, 이 특성을 제거한 경쟁의 비법(祕法)을 이 저서는 밝히고 있다.

경영 컨설턴트로서의 경영 지도나 경쟁 지도에서는 객관적으로 방법을 강구하기 때문에 이같은 것이 충분히 가능하며, 나는 경쟁지도를 의뢰한 거래처에 대해 항상 승리의 기분을 갖게 했으나, 그 경쟁 상대방을 패배시켜 원망을 받은 일은 별로 없다. 그리고 최근에는 이것이 바람직한 것이었다고 생각하게 되었다(다만, 나 개인의 싸움이나 경쟁에 있어서는 어떤 인과(因果)에서인지 막다른 골목까지 가는 것이다. 현재는 하루속히 이 숙명적인 인과와 단절하려고 노력중이다).

그러기 때문에 경영 컨설턴트로서의 나의 '경쟁 대응수법'을 비판하는 사람들도 있다. 흐리멍텅하다거나 지혜가 아깝다거나 상대방을 지나치게 의식하고 생각하는 수법이라고 말하기도 한다. 이같은 비판을 충분히 고려하여 경쟁대응(競爭對應)이란 관점에서 경쟁이나 싸움에 대하여 충분히 연구하고 생각해 왔다. 우리 회사의 전(前) 사명(社命)은 일본 마케팅센터였고 나도 마케팅을 가장 전문적으로 다루고 있는 경영 컨설턴트로서 이것을 피할 수 없었기 때문이다. 그 결과, 지난 1983년 경부터 경쟁대응이나 경쟁, 싸움에 대하여 이것이 올바른 철학이라고 생각하게 되었다. 즉, 다윈의 진화론보다는 이마니시(今西) 진화론의 방법이 옳다고 느꼈고, 인간은 경합이나 경쟁, 싸움에 있어서 동식물(動植物)한테 배운 방법이 결과적으로 세상을 위해 그리고 인간을 위해 필요하다는 것을 알게 되었기 때문이다.

결국, 내가 이제까지 저술을 통해 발표한 '경쟁 대책법'은 올바른 것이었다고 느끼게 된 것이다. 그리고 경영 컨설팅을 통해 어드바이즈 해온 '경쟁 대응 수법'도 정확했다고 말할 수 있다.

이것을 정리하면 다음과 같다.

(1) 경쟁 대응은 '보다 매크로적인 착한 입장'을 상정(想定)하고 거기에 도달하려고 의도하면서 협조와 경쟁의 두가지를 병행시켜야 되는 것이다.

(2) 따라서 최선의 경쟁대책법은 강자=제1인자에 의한 '포용

〈표 4〉후나이식(船井式)의 입장과 위치, 순서에 의한 경쟁대응법

1등의 전략

1. 자기의 입장에서
   ① 경쟁하지 말것.
   ② 경쟁시장을 자기 중심으로 안정시켜 놓을것.
   ③ 천천히 포용(包容)하는 전술을 펼칠것.
   ④ 초경쟁시장에는 나타나지 말것.
2. 경쟁력(競爭力) 원리에서
   ① 2등의 힘이 강하지 못하게 할것.
3. 셰어의 원칙에서
   ① 42% 이상의 셰어(시장점거율)를 확보할것.
4. 시장에서
   ① 빨리 시장규모 안에서 절대적으로 1등 고지를 점령할것.
5. 경쟁상대에게
   ① 경쟁을 포기시켜 협력을 요구하도록 유도할것(힘의 논리를 응용한다).

2등의 전략

1. 자기의 입장에서
   ① 1등과 대항할 수 있는 능력을 빨리 만든다.
   ② 3등 이하와의 관계에서 경쟁시장을 불안정하게 만든다.
   ③ 3등 이하를 선동하여 1등의 포위작전을 불가능하게 하는 방향으로 발전시킨다.
   ④ 능력이 생길때까지 1등과는 휴전 상태를 유지한다.
   ⑤ 3등 이하와는 압도적인 차이를 유지하게 한다.
2. 경쟁력 원리에서
   ① 1등의 80% 이상 능력을 갖도록 한다.
3. 셰어의 원칙에서
   ① 26% 이상의 셰어를 고수한다.
4. 시장에서
   ① 시장 환경의 변화를 끊임없이 추구한다.
5. 경쟁 상대에게
   ① 4등 이하를 자기 산하(傘下)에 두도록 한다.

3등의 전략

1. 자기의 입장에서
   ① 1등과 동맹관계를 맺는다.
   ② 4등 이하와는 압도적 차이를 갖도록 한다.
   ③ 2등의 업적 상승을 방해한다.
   ④ 2등과의 관계에서 경쟁시장을 계속적으로 불안정하게 만든다.
2. 경쟁력 원리에서
   ① 2등의 80% 이상 능력을 갖도록 한다.
3. 셰어의 원칙에서
   ① 11% 이상의 셰어를 점유하도록 한다.
4. 시장에서
   ① 1등이 42% 이상의 셰어를 갖지 못하게 방해하며 1등의 안정적인
   시장 조성을 못하게 한다.
5. 경쟁 상대에게
   ① 1등과의 관계유지를 통해 모든 당면 목표를 2등이 되도록 노력한
   다.
   ② 4등 이하에 대하여는 너무 자극하지 않는다.
   ③ 가능하면, 1등에게서 어느 정도의 양보를 기대한다.

4등의 전략

1. 자기의 입장에서
   ① 우선 그룹에서 대표가 된다(자기의 자질과 이념 등이 중요하다).
   ② 약자(弱者)의 결집(結集) 조건을 만든다.
   ③ 그룹을 크게 확대하여 1등에 필적할 만큼까지 노력한다.
   ④ 2등의 업적 향상을 방해한다.
2. 정치적 입장에서
   ① 제3자로 부터는 동정과 협조를 얻는 것이 필요하다.
3. 시장에서
   ① 이해가 일치하지 않는 일이 없도록 노력한다.
   ② 시장 안정을 위하여 전력투구한다.

5등의 전략

---

1. 자기의 입장에서
   ① 강한 경쟁자로부터 경쟁의식이 나오지 않도록 한다.
     ⓐ 1등의 20%이하 능력
     ⓑ 7% 이하의 셰어
   ② 1등과 공생한다. 하나의 질서 속에서 편하게 살 수 있다.
   ③ 명랑한 감정을 밖으로 발산하기 위해 고객과 친해지며, 관련된 다른 방면에의 진출을 고려한다.
2. 시장에서
   ① 시장 안정을 위해 전력투구한다. 때로는 그룹이나 파워의 일원도 된다.

성(包容性)의 발상'과 '정공법적(正攻法的) 수법'의 실천이다. 경쟁으로 자극을 주면서 보다 높은 질서 형성을 위하여는 이것이 가장 좋다.

(3) 경쟁이나 싸움은 필요하다. 왜냐하면 그것에 의해 자기자신이나 세상이 급속도로 발전하기 때문이다. 다만, 잘못된 경쟁이나 싸움이 자기 스스로 뿐만 아니라 세상을 퇴보시키고 때로는 파멸시킨다. 이같은 경쟁 대응은 결코 바람직하지 않다.

(4) 경쟁대책법은 지위나 입장, 순서에 따라 달라진다. 이것을 알 필요가 있다. 또 그러기 위하여는 경쟁력 원리나 셰어(시장점유율) 원칙을 알고 잘 대응하지 않으면 안된다.[표 4 참조].

나는 경쟁력의 관계와 셰어에는 한가지 룰(규격)이 있다는 것을 1972년경에 발견했다. 이것을 처음에는 《승자(勝者)의 조건》이란 책에서 발표했는데, 지금은 올바른 판단이었다고 확신하고 있다.

다음은 《승자의 조건》 제1장에 나오는 '제1법칙 경쟁력 원리'와 '제2법칙 점거률의 원칙'이다. 참고하기 바란다.

제1법칙 : 경쟁력 원리

―스크랩 앤드 빌드(Scrap and build)의 핵심 ―

나는 국민학교때 부터 전쟁에 대하여 이상하게 흥미를 가지고 있었다. 소설을 포함하여 고금동서의 전쟁 서적이면 무엇이나 무조건 독파했다. 사회인이 된 후에도 전략(戰略)연구에 몰두하게 되었다. 1955년 경에는 손자병법을 시작으로 징기스칸, 토요토미 히데요시(豊臣秀吉), 크라우제빗츠, 도고헤이하찌로(東鄕平八郎), 힛틀러로 발전되었고, 최근에는 쥬코프, 모택동, 쿠엔접프, 다이얀 등에 매우 흥미를 쏟게 되었다.

나의 서재를 방문한 사람들은 비교가 안될 정도로 경영관계 서적에 비해 전쟁과 전략 서적, 공상과학 서적이 압도적으로 많은데 대해 대부분 놀라고 있는데, 경영 컨설턴트로서의 특색도 이것과 관련이 있는지 모른다.

이것들을 통해 나는 하나의 '경쟁력 원리'라는 것을 발견했다. 수년전 부터 경영 컨설턴트로서의 비즈니스에 이 경쟁력 원리를 활용하여 왔고, 기업간 경쟁에 있어서도 이것을 뒷받침하는 자료 수집에 힘쓰고 있는데, 이제는 발표할만한 단계에 도달했다고 생각된다. 다음 표 A 는 내가 말하는 경쟁력 원리이다.

〈표 : A〉경쟁력 원리

① 3대 1의 공격 원리
② 4대 10의 수비 원리
③ 10대 8의 이익 원리
④ 2대 10의 안전 원리
⑤ 8대 10의 심리적 효과 원리

해석 방법을 설명하기로 한다.

① 우선 '3대 1의 공격 원리'인데, '적의 땅에 있는 적군을 공격하여 필승을 얻으려면 적군보다 3배의 힘이 필요하다'는 것이다.

기존 메이커를 상대로 신설 회사

가 성공하려고 할 때나, 유통단계에서는 기존의 성업중인 곳에 신규 점포가 개점할 경우 등에 이 원리가 적용된다. 옛날이나 지금이나 전쟁에서의 일시적인 타협은 흔히 성립되는 것이지만, 그것은 얼마후 보다 심각한 전투로 발전되어 재앙을 크게 만드는 것이다. 부득이 싸우는 이상은 완전 승리가 절대적이다. 완승을 위한 조건은 최저한 3배 이상의 역량이다.

② 다음에 '4대 10의 수비 원리'인데, '적이 공격해 왔을 때, 수비를 맡고 있는 우리 편에 적군의 40％ 밖에 힘이 없으면 싸울 필요가 없다. 미리 지키는 성(城)을 포기하라'는 것이다. 사실상, 상대편의 40％ 이하 힘으로 싸우는 것은 완패(完敗)를 의미하며 두번 다시 재기할 수 없을 정도로 완벽하게 멸망하기 마련이다. 그러므로 이 경우는, 다소 억울해도 성을 넘겨주고 힘을 저장하는 것이 내일을 위해 바람직하다.

③ '10대 8의 이익 원리'는 '같은 시장에서 두 회사가 공존하는 경우, 1등 회사는 경쟁 상대인 2등의 힘을 자기의 80％ 이하로 억눌러야 이익이 나오게 된다'는 뜻이다. 따라서 1등에게 가장 필요한 것은 2등을 철저하게 공격하는 것이다.

④ '2대 10의 안전 원리'라는 것은 '동일 시장에 수많은 경쟁자가 있을 경우, 자기 힘이 1등 힘의 20％ 이하라면, 경쟁자는 자기를 무시한다. 즉, 문제를 삼지 않는다. 오히려 안정하다'는 것이다. 힘이 없을 때는 이 원리 안에서 정보를 탐색하고 포석(布石)하며, 단숨에 1등의 3배 이상 힘으로 공격하는 것이 상식이다.

⑤ '8대 10의 심리적 효과 원리'란 것은 '이제까지 설명한 ①~④의 원리는 소위 통계적 원칙이다. 이 원칙은 당사자가 인간이기 때문에 때때로 심리적 효과(소위, 할 의욕이나 자신감)에 의해 깨진다. 그러나, 그 한계는 상급자의 80％까지 하급자의

힘이 도달됐을 때 뿐이며, 하급자가 상급자의 80%이하 힘 밖에 없으면 심리적 효과는 오히려 마이너스로 작용되기 마련이다' 라는 것이다.

물론, 여기에서 말하는 '힘'이란 것을 무엇이냐고 할 때, 이것을 일괄적으로 말하기는 어렵다. 일반적으로 경쟁하는 당사자가 경쟁장소에 투입시키는 인력·물질·자금·정보 등의 총합력(總合力)이라고 생각하면 될 것이다.

어쨌던 이 5가지의 경쟁력 원리를 잘 이용하면 매우 재미있다. 훌륭한 성과를 발휘한다. 특히 격변하는 현대사회에서 스크랩 앤드 빌드(Scrap and build=낡은 것을 버리고 새로운 것을 만드는 경영 정책)의 핵심으로 이용하기 바란다.

제2법칙 : 점거률 원칙
−목표 설정의 중요한 포인트−

봄인 4월에는 신입사원들이 많이 채용된다. 우리 회사에도 10여명 정도 대학을 졸업한 젊은이가 입사했다. 나는 항상 신입사원들에게 다음과 같이 말하고 있다.

"경영 컨설턴트란 어떤 문제에 있어서나 분명하게 다음과 같은 사고방식을 갖는 사람이어야 되는 것이다. 생각해 보기 바란다. 적절한 예는 아니지만, 청명한 하늘에서 공중전이 벌어졌다. A공군은 100대의 비행기, B공군은 30대의 공중 편대다. 이 경우, 비행기나 병기, 파일럿(pilot)의 실력이 거의 비슷하고 한쪽 공군의 비행기가 전부 격추될 때까지 싸운다고 하면 어느 쪽이 승리하는가? 당연히 A공군일 것이다. 그러면 이때 A공군의 비행기는 몇대가 떨어지고 얼마나 남을 것인가?"

신입사원 여러분은 일반적으로 대답하기 어려울 것이다. 이 경우, OR적인 사고방식이 가장 정확하다. OR은 Operation Research 의 약자인데, 제2차 세계대전 중 연합군의 작전계획에 활용되어 좋은 성적을 올린 수학방법이다.

앞의 질문에 대한 남은 비행기 수는, $\sqrt{100^2 - 30^2} \fallingdotseq 95$ 로 약 95대, A공군에서 격추되는 비행기수는 B공군의 30대 전부에 대하여 불과 5대 뿐이다. 이 계산에는 OR에서 말하는 '란체스터 의 공리(公理)'를 사용한 것인데, OR이란 이와같이 재미있는 반면에 매우 유익한 원리이다.

그런데, 이 OR의 원조(元祖)는 영국인 프레드릭 윌리엄 란체 스터(Frederick William Lanchester : 1868~1946)이고, 그는 전투 병력의 비율과 피해 량과의 상관관계에 관한 여러가지 법칙을 발견하고 있다. 특히 그의 대표적 저서인《 Aircraft in War-force 》(1916)에서 전개한 것이 유명한 란체스터 공리(公理)이다.

이 란체스터 공리에 대한 일본에서의 연구가로 경영통계연구 회의 다오까(田岡信夫)씨가 있는데, 그의 저서 란체스터 판매 전략 이 현재 비즈니스사에서 출판되고 있다.

그런데, 이 란체스터는 3가지의 재미있는 숫자를 제시하고 있다. 그중 하나가 41.7%라는 숫자이고, 이것은 복수(複數) 경쟁 에 있어서의 제1차 목표라고 말하고 있다. 두번째는 73.88%로 독점의 조건수치라고 말하고 있다. 그리고 세번째는 26.12%로, 소위 이 수치는 하한목표(下限目標)라고 말하는 것이다.

나는 란체스터의 공리를 실제 사용한 지 금년으로 약 10년이 되지만, 그동안 그의 수치를 약간 가공하면 매우 재미있는 의미 를 가지고 있다는 것을 알게 되었다.

그의 이 숫자에 나의 경험, 특히 심리적 효과를 가미하여 만든 것이 지금 활용하고 있는 셰어의 원칙이다.

표 B는 내가 작성한 셰어의 원칙인데, 나는 지금 이것을

〈표 B〉 셰어(점거률)의 원칙

```
① 독점 셰어·····························74 %
② 상대 셰어·····························42 %
③ 톱(Top) 셰어 ····················· 26 %
④ 영향 셰어·····························11 %
⑤ 존재 셰어 ···························· 7 %
```

'목표설정의 중요 포인트'로서 이용해 모든 업종과 업태에서 큰 성과를 올리고 있다.

다음에 이 〈표 B〉를 설명해 보자.

① 경쟁 시장에서 74 % 이상의 셰어를 갖게 되면 우선 절대적으로 안전하다.

② 둘 이상의 경쟁자가 존재할 경우, 42 %의 셰어를 빨리 확보한 사람은 압도적으로 다음의 입장이 유리해진다.

③ 일반적으로 1등은 2등 이하와 매우 차이가 많은 것인데, 비슷비슷한 상태에서 1등의 셰어가 26 %에 이르지 못하면 거의 이익이 없다. 따라서 26 %는 1등이 이익을 얻기 위한 최저의 셰어인 것이다. 마찬가지로 시장에서 두, 세사람이 경쟁할 경우 26 %에 달해야 비로소 상위자(上位者)와 경쟁력을 가질 수 있다고 생각된다.

④ 경쟁 시장 중에서 자기 존재가 시장 전체에 영향을 주는 것은 11 % 이상의 셰어에 도달됐을 때이다.

⑤ 경쟁 시장에서 경쟁자가 그 가치를 인정받고 있는 것은 7 %의 셰어 이상에 도달했을 때 뿐이다. 그 이하에서는 경쟁자로서의 존재가치가 없는 것과 같다. 독자 여러분은 어떻게 이 셰어의 원칙을 이용하는가에 따라 미래의 모습이 크게 달라질 수 있으리라 나는 믿고 있다.

어쨌던 여기에서 말하고 싶은 것은, 기업경영에 있어서 가장 중요한 경쟁 대응에는 하나의 철학이 필요하다는 사실이다. 이것도 나의 경험으로 말하면 천지 자연의 이치에 따르는 것이 가장 좋다는 철학이고 방침이라고 생각한다. 인간은 천지 자연의 이치가 무엇인가를 자칫 잘못 알기 때문에, 천지 자연의 이치 그 자체라고 말할 수 있는 동식물의 경쟁대응이라고 하는 경쟁, 싸움의 방법을 참고하면서 이 세상을 위해 인간을 위해 도움이 되는 경쟁대응으로서 경쟁하고 싸우는 것이 현명하다……고 말하고 싶은 것이다.

이같은 발상에서 볼때, '포용성(包容性)의 방법이 최고의 방법'이라는 후나이식 경쟁대응법은 완전히 베이식(기초적) 수법이라고 말할 수 있다. 참고하기 바란다.

무엇보다도 경쟁대응법은 중급(中級) 레벨의 경영 원칙에 의한 수법이다. 초급이란 것은 '덮어놓고 무작정으로 경영하는 수준'이지만, 중급이란, '경영체의 자세, 이익이나 조직체의 기본적인 태도 등을 생각하여 경영하는 레벨'이라고 이해하면서 다음에 설명하는 방법을 참고하기 바란다.

5. 이익 원칙 실천법(중급의 원칙 수법 · 2)
―이익의 절대 조건을 알 것―

사업의 성격상, 나는 각국의 많은 기업체들과 교류를 갖게 되었는데, 현재에 있어서 자본주의 국가들의 민영 자유기업체만큼 사원들의 인간성을 효과적으로 발전 향상시키며 세상과 인간을 위해 노력하는 단체는 드물 것이다. 아마도 민영의 자유기업체는 인간이 만든 걸작품이라고도 할 수 있을 것이다.

더구나 오래된 기업체보다도 자본금이 없는 상태에서 창업한 후 10년에서 30년 정도의 역사를 가지고 성장중인 기업체가 가장 훌륭한 업태라고 생각된다.

왜냐하면, 이 기업체에서는 잠시도 누구나가 태만할 수 없다. 그리고 기업체로서는 작은 규모인 경우가 많고 비교적 경영상태도 안정되어 있지 못하다. 몇사람의 중심 인물이 태만하면 얼마 후 문닫게 될 것 같은 허약점도 거기에 있다. 더구나 여기에서는 신입사원을 포함하여 모두가 중심 인물이라고 해도 좋을 것이다.

이같은 기업체에서는 전 사원이 일체감을 가지고 기업을 사랑하지 않으면 즉시 성장이 중단된다. 성장이 중단된다는 것이 이같은 규모의 기업체에 있어서는 바로 퇴보를 의미하고 소멸로 가는 길인 것이다. 또 전원이 세상을 위해 인간을 위해 그리고 스스로의 인간성 향상을 위하여 전력투구하지 않으면 이런 규모의 경영에서 이익이 나올 수 없다. 무엇보다 이익이 계속 나오지 못하면 규모가 크지 못하므로 문닫기 마련이다.

기업체의 이익이란 사회성과 교육성이 충만된 결과로서 나온다는 인식이 다른 규모의 업체보다도 절실한 수준의 업체인 것이다. 그러므로 이 레벨의 민영 자유기업은 대부분 중급 수준이라고 할 수 있다. 이 중급까지 성장한 다음에 더욱 발전을 계속하기 위하여는 반드시 알아야 될 원칙적인 경영수법이 세가지 있다.

그중의 하나가 전술한 경쟁대응법이고, 둘째가 여기에서 설명하려는 이익을 위한 구체적 수법이다. 그리고 세번째가 조직화를 비롯하여 셰어업(시장점거율 상승)의 수법을 포함한 '레벨 향상법'인데, 이 세가지를 완전히 습득하지 못하면 중급의 민영 자유기업체는 성장이 중단되고 상급 수준으로 발전하기 어렵게 되는 것이다. 아니 여기에서 소멸되고 말 것이다.

현실적으로 기업체가 존재하기 위하여 가장 중요한 것이 이익이다. 여기에 관하여는 내가 발견한 '이익 원칙'이 있다.(표 : 5

〈표 5〉 이익 원칙

이익＝1등의 수(數)×취급품 수×주도권×일체성(一體性)

(1) 1등의 수란 것은 시장에서 1등으로 인정되는(그것만으로도 경영이 되는) 상품이나 시스템을 몇가지 갖고 있는가 하는 것이다. 그 수량이 많을수록 이익이 올라간다.

(2) 취급품의 수란 것은 시장에서 '저 기업의 주력 상품은 이것이다' 라고 인정되는 상품이나 시스템을 몇개 가지고 있는가 하는 것이다. 이것도 많을수록 이익이 된다.

(3) 주도권이란 것은 유통 주도권 즉, 가격 결정권과 거래조건의 결정권을 말한다. 이 주도권이 없으면 1등 상품이나 취급품이 아무리 많아도 이익과 연결되지 못한다.

(4) 일체성이란, 우선 회사 분위기가 기본적으로 하나의 철학과 사상으로 통일되어 있다는 것이다. 일체성을 위하여 CI(커퍼레이트 아인덴티티 : 기업 이미지 통합)나 컨셉트 등이 중요시되는데, 이 일체성이 없으면 1등 상품이 몇가지 있거나 취급품이 많아도 또 주도권이 있어도 이익이 나오지 않는다.

참조) 이 공식에서는 이익 요인을 4가지로 압축하고 있다. 그러나 이익의 진짜 요인은 이 4가지 요인을 만족시키는 것에 국한되지 않는다. 100개, 아니 더 이상 많을 것이다. 그러나 이 4가지가 가장 중요한 요인이다.

쉽게 말하면, 이 4가지 조건＝요인을 충족시키면 다른 많은 것들은 전부 정리된다고 할 수 있을 것이다. 이것이 베이식 수법의 존재 이유이다. 여기에서 다시 한번 〈표 5〉의 1등의 수, 취급품, 주도권, 일체성에 대한 설명을 읽어보기 바란다. 가급적 반복을 통해 이해할 필요가 있다.

그러다 보면, 이익을 위해 ① 가장 중요한 것은 일체성(一體性) ② 이어서 주도권(主導權) ③ 세번째로, 1등이 되는 것이라는 것을 알게 될 것이다.

또, 이 이익 원칙의 공식 중에서 한가지 요인이 부족되면 이익은 이들의 총화로 결정되는 것이므로 이익금은 이론적으로 없는 것이 된다는 것도 이해하게 된다. 따라서 나는 이 4가지 요인의 조건을 이익 충족을 위한 절대조건이라고 부르고 있다.

여기에서 문제되는 것은 공식을 아는 것과 함께, 이익원칙을 실천하는 것이다. 그러기 위하여는 우선 일체화부터 시도하는 것이 바람직하다. 그러기 위하여 나의 회사에서 만든 체계도 〈표 : 6〉과 '사고방식과 분석 플로차트(Flowchart)'〈표 : 7〉을 다음에 제시하겠다. 이것은 1981년, 대형 소매기업을 위해 만든 것인데, 매우 효과적인 것으로 알려져 있다. 각 기업체들은 이 두가지를 참고하여 응용 챠트를 만들어 실천하기 바란다.

이 체계와 사고방식의 특성을 여유있게 검토하면 알겠지만, 천지 자연의 이치에 100% 합치된 것이다. 그러므로 틀림없다고 단언해도 된다고 생각하는 것이다.

다음에 두번째 할 것은 '주도권의 확보'인데, 공급과잉의 현대에 있어서 소매업은 오히려 주도권 확보가 간단하다. 이와는 달리, 메이커나 도매업자들은 상당히 획기적인 상품을 만들거나 체널 전략을 잘 구축하지 않으면 주도권 확보가 어려워진다. 그러나 그 방법은 얼마든지 있다. 슬기롭게 도전하기 바란다.

만일 묘안이 떠오르지 못할 때, 우리 회사를 찾아오면 상담에 응할 것이다. 어쨌던 주도권 확보가 유지되지 못하면 다른 어떤 조건이 충족되어도 절대로 이익이 발생되지 못한다. 이것을 충분히 인식하기 바란다.

참고적으로 말한다면, 나는 주도권의 확보 방법으로서 현재는 정공법(正攻法)과 상식적인 방책 이외는 권장하지 않고 있다. 이유는 그 이외의 방법을 가지고 일시적 주도권을 장악해도 오래 지속하지 못하기 때문이다.

세번째로 중요한 것은 최고로 1등이 되는 것인데, 이것은 원칙대로 하면 된다. 마케팅 전문가로서 내가 확립한 원칙적 사고방식은 '마케팅이란 것은 기업의 능력과 알맞게 1등이 되는 상품과 상권(商圈), 그리고 고객을 찾는 것이다'라는 정의(定義)인 것이다. 이에 따라 1등이 되는 것이 바람직하다.

능력이 있으면 상품의 수량을 증가시키고 상업적인 세력권을 넓혀 모든 고객을 대상으로 하면 되고, 능력이 부족하면 스스로 상품수를 줄이고 상권을 좁혀서 대상 고객도 축소해야 된다. 이것은 당연한 이치이다. 어쨌던 1등이 없으면 이익이 나오지 않는다. 더구나 너무 대상 고객이나 상권을 줄이면 이번에는 1등이 되어도 채산을 맞추기가 어렵게 된다.

철저하게 축소시키면 데드라인에 도달한다고 하는데, 여기에 대하여는 상식적으로 판단하고 후나이식 마케팅 사고방식에 따라 1등이 되는 것이 바람직하다. 또 1등이 되기 위하여는 경험이 매우 중요하다. 아무리 노력해도 문제가 풀리지 않고 1등 상품을 만들었어도 이익이 시원치 못할 때는 나의 사무실을 찾기 바란다.

마지막으로 취급 상품의 증가 방법인데, 이것은 '일등 상품이 한개 이상 있으면, 여기에 부수된 관련 상품이 많을수록 전체 이익과 연결되므로 여기에 노력해야 된다'고 하는 마케팅 원칙에 따라 생각하는 것이 현명하다. 적극적일 필요가 있다.

총합화(總合化), 다각화(多角化)는 성장 발전을 위해 올바른 전략이다. 의욕적으로 실천하기 바란다(한편, 전문화나 세그먼테이션은 1등이 되기 위한 부득이한 마케팅 전략이고 성장하지 않을 때의 일시적 방법이다. 결코 발전을 위한 올바른 전략이 아니란 것을 인식하기 바란다).

⟨표 6⟩ 일체화(一體化)를 위한 체계도

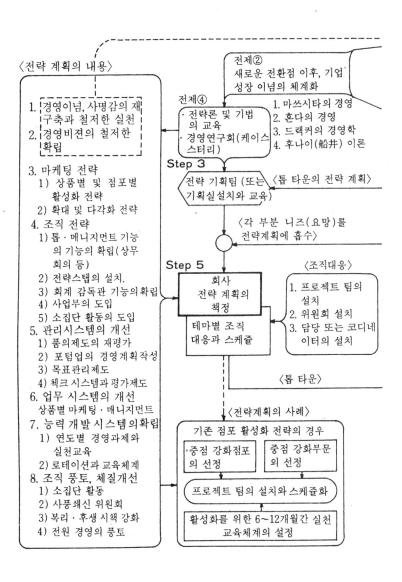

⟨전략 계획의 내용⟩

1. 경영이념, 사명감의 재
   구축과 철저한 실천
2. 경영비젼의 철저한
   확립
3. 마케팅 전략
   1) 상품별 및 점포별
      활성화 전략
   2) 확대 및 다각화 전략
4. 조직 전략
   1) 톱·메니지먼트 기능
      의 기능의 확립(상무
      회의 등)
   2) 전략스탭의 설치.
   3) 회계 감독관 기능의확립
   4) 사업부의 도입
   5) 소집단 활동의 도입
5. 관리시스템의 개선
   1) 품의제도의 재평가
   2) 포텀업의 경영계획작성
   3) 목표관리제도
   4) 체크 시스템과 평가제도
6. 업무 시스템의 개선
   상품별 마케팅·매니지먼트
7. 능력 개발 시스템의확립
   1) 연도별 경영과제와
      실천교육
   2) 로테이션과 교육체계
8. 조직 풍토, 체질개선
   1) 소집단 활동
   2) 사풍쇄신 위원회
   3) 복리·후생 시책 강화
   4) 전원 경영의 풍토

전제②
새로운 전환점 이후, 기업
성장 이념의 체계화

전제④
· 전략론 및 기법
  의 교육
· 경영연구회(케이스
  스터리)

1. 마쓰시타의 경영
2. 혼다의 경영
3. 드래커의 경영학
4. 후나이(船井) 이론

Step 3

전략 기획팀 (또는
기획실설치와 교육)

⟨톱 타운의 전략 계획⟩

⟨각 부분 니즈(요망)를
전략계획에 흡수⟩

Step 5

회사
전략 계획의
책정

테마별 조직
대응과 스케줄

⟨조직대응⟩

1. 프로젝트 팀의
   설치
2. 위원회 설치
3. 담당 또는 코디네
   이터의 설치

⟨톱 타운⟩

⟨전략계획의 사례⟩

기존 점포 활성화 전략의 경우

· 중점 강화점포
  의 선정

중점 강화부문
의 선정

프로젝트 팀의 설치와 스케줄화

활성화를 위한 6~12개월간 실천
교육체계의 설정

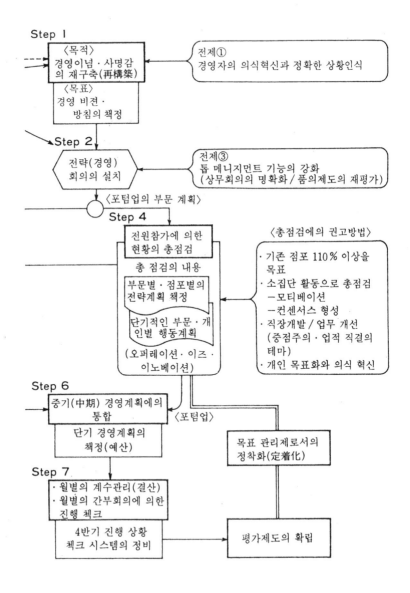

Step 1

〈목적〉
경영이념·사명감의 재구축(再構築)

전제①
경영자의 의식혁신과 정확한 상황인식

〈목표〉
경영 비젼·방침의 책정

Step 2

전략(경영)회의의 설치

전제③
톱 메니지먼트 기능의 강화
(상무회의 명확화 / 품의제도의 재평가)

〈포텀업의 부문 계획〉

Step 4

전원참가에 의한 현황의 총점검

총 점검의 내용

부문별·점포별의 전략계획 책정

단기적인 부문·개인별 행동계획

(오퍼레이션·이즈·이노베이션)

〈총점검에의 권고방법〉

· 기존 점포 110% 이상을 목표
· 소집단 활동으로 총점검
  ─모티베이션
  ─컨센서스 형성
· 직장개발 / 업무 개선
  (중점주의·업적 직결의 테마)
· 개인 목표화와 의식 혁신

Step 6

중기(中期) 경영계획에의 통합

〈포텀업〉

단기 경영계획의 책정(예산)

목표 관리제로서의 정착화(定着化)

Step 7

· 월별의 계수관리(결산)
· 월별의 간부회의에 의한 진행 첵크

4반기 진행 상황 첵크 시스템의 정비

평가제도의 확립

〈표 7〉 일체화를 위한 사고방식과 분석 순서도(플로차드)

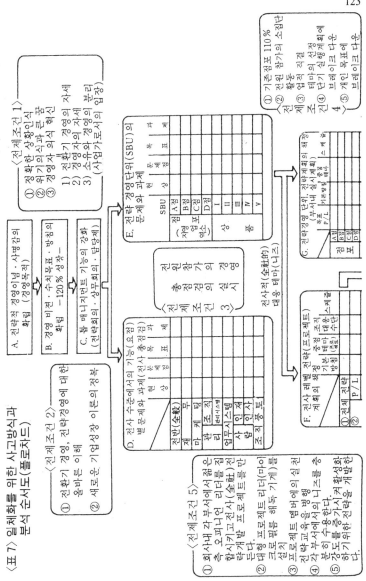

124

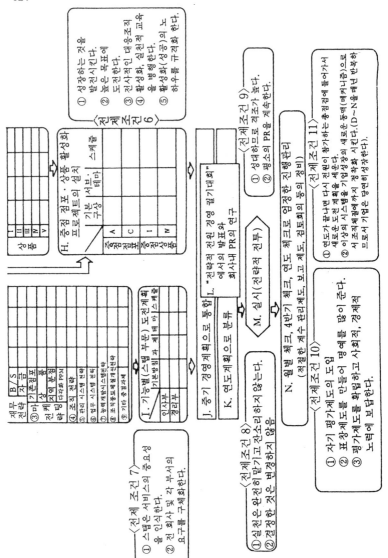

〈전제조건 6〉
① 성장하는 것을 발전시킨다.
② 높은 목표에 도전한다.
③ 전사적인 대응조직
④ 활성화, 실천적 교육을 병행한다.
⑤ 활성화(성공)의 노하우를 규칙화 한다.

H. 중점점포·상품 활성화 프로젝트의 설치

상품 I II III IV V

중점 점포 상품					
A					
C					
I					
N					

기본구상 서브 테마 스케줄

〈전제조건 9〉
① 성태하므로 적으가 높다.
② 평소의 PR을 계속한다.

〈전제조건 11〉
① 연도가 끝나면 다시 전원이 참가하는 총점검에 들어가서 새로운 도전 계획을 세운다.
② 이상의 시스템을 기업성장의 새로운 동력(메커니즘)으로서 조직체 전체까지 정착화 시킨다.(D~N을 매년 반복하므로서 기업은 당연히 성장한다.

L. "전략적 전원 경영 릴기대회" 에서의 발표와 회사내 PR의 연구

M. 실시 (전략적 전투)

N. 월별 체크, 4반기 체크, 연도 체크로 엄정한 진행관리 (적절한 계수 관리제도, 보고제도, 검토회의 등의 정비)

재무 B/S
전략 자금
③ 마케팅존립표
전체 지역 분포
상품 다각화 PPM
④ 조직 전략
⑤ 관리 시스템 전략
⑥ 업무 시스템 전략
⑦ 능력개발시스템전략
⑧ 조직풍토혁신전략
⑨ 기타 중점과제

I. 기능별 (스텝 부문) 도전계획
기본방침과 체계 테마 마스 케줄
이사부
경리부

J. 중기 경영계획으로 통합
K. 연도계획으로 분류

〈전제조건 7〉
① 스텝은 서비스의 중요성을 인식한다.
② 전 회사 및 각 부서의 요구를 구체화한다.

〈전제조건 8〉
① 실천은 완전하되 딱기고 잔소리 하지 않는다.
② 결정한 것은 변경하지 않음

〈전제조건 10〉
① 자기 평가제도의 도입
② 표창제도를 만들어 명예를 많이 준다.
③ 평가제도를 확립하고 사회적, 경제적 노력에 보답한다.

6. 레벨 향상법(중급의 원칙 수법 · 3)
－기본은 조직체 확립법과 시장점유률 확장법－

초급 수준인 기업체에서 성장을 계속하는 경우는 주로 단독 경영일 때가 많다. 그러나 실질적인 원맨(단독) 경영에서는 종업원 수가 증가되면 손들게 되는 경우가 있다. 최고 경영자가 입원하게 되면 회사는 정상 운영이 어렵게 된다. 그래서 운영권을 넘기게 되고, 그러기 위해서는 조직적 운영을 생각하지 않을 수 없다. 쉽게 말하면, 단독 경영에서 한 단계 위의 수준으로 향상하지 않으면 안되는 것이다.

이것은 마케팅에 있어서, 1등 상품 만들기나 주도권을 잡는 채널 만들기와 비슷하게 중요한 요소인 셰어업(시장 점유율 확장)에 대하여도 말할 수 있다.

영향(影響) 셰어＝예컨대, 업계에서 그 회사의 존재가 인정될 뿐만 아니라, 업계에 영향을 주는 셰어의 11％까지는 열심히 노력만 하면 어느 기업도 비교적 간단히 도달되는 것이다. 그러나 그 이상의 톱 셰어＝이 셰어에 도달하지 못하는 이상, 1등에서도 높은 이익이 생기지 않는다는 26％에 도달하기 위해서는 전혀 다른 사고방식과 수법이 필요한 것이다.

말하자면, 11％와 26％와는 수준차가 심한 것이다. 이 레벨이란 것을 매크로나 근원적으로 생각해 보자. 예를 들면, 이 세상에 존재하는 의식 생명체(意識生命體)에도 크게 나누어 3개의 레벨이 있다고 생각하면 될 것이다. 여기에서 가장 낮은 레벨은 섭컨셔스니스 레벨(잠재의식적인 수준)이라고 하는 동식광물(動植鑛物) 레벨이다. 이 수준에 속하는 생명체에는 자의식(自意識)이 없다. 그래서 그들은 창조주의 뜻에 따라 살고 있다. 생각하는 능력도 없다. 그런 만큼 개나 고양이 같은 고등동물도 장래에 대한 불안이 없다. 그날 그날을 지내고 있다고 하면 될 것이다.

그러나 동식광물과 신(神)의 중간 수준에 있는 인간에게는 셀프 컨셔스니스 레벨과 같은 자의식(自意識)이 있다. 생각하며, 만드는 능력을 갖고 있다. 다만, 무엇이 올바른 생활태도인가 하는 것은 인간이 확실하게 모르며, 이 세상의 원리에 대하여도 분명한 인식을 갖지 못하고 있다. 미래에 대한 올바른 예측도 불가능하다.

그래서 인간은 불안이나 스트레스때문에 고통받고 있다. 행운이 없기 때문에 심하게 고민하는 사람도 많으며 인간으로서 태어난 것은 고해(苦海)속에 있는 것이라고 생각하는 사람도 있다. 그래서 인간에게는 종교나 철학이 필요하게 된다.

3가지 레벨에서 최고의 수준은 신(神)의 레벨일 것이다. 그것은 슈퍼 컨셔스니스 레벨이란 것이다. 이 수준에 존재하는 신(神)은 모든 것을 알고 있다. 과거와 미래의 원리나 현상도 전부 올바르게 알고 있다. 그러므로 신들은 편안히 올바르게 살고 있다고 생각된다. 만일 신들에게 불안이 있다면, 인간을 선도(善導)하려고 아무리 노력해도 거기에 따르지 않는 사람이 많으므로 아래 수준인 인간들 행위를 전전긍긍하면서 관찰하지 않을 수가 없게 될 것이다.

레벨이란 이와같은 것이여서 한 단계만 달라도 심각한 차이가 나타나는 것이다. 그러나 그렇게 성립된 것을 부정할 수가 없다. 그러나 아래 수준인 존재가 이 레벨의 벽을 깨지 못하면 어느 단계에서 성장이 중단된다. 뚫고 나갈 수 없는 벽이 있다면 의욕이 감퇴되어 흥미가 없게 된다.

이와같은 사실때문에 나는 레벨이나 레벨업(수준 향상)에 대하여 상당히 오랜 동안 연구해 왔고 여러가지 점에서 검토해 왔다. 그리고 많은 방법을 확립했다. 이것들은 경영전략뿐만 아니라 여러가지로 나를 도와주고 있다. 다만, 그 대표적인 것이 조직체 확립법과 셰어업 수법이다. 이 두가지를 알면 대부분을 이해할 수 있다. 이 두가지를 설명키로 한다.

(1) 후나이식 조직체 확립법

나는 1957년, 심리학에 관심을 갖게 된 후, '힛틀러·프로이트 의 정리(定理)'를 알게 되었다. 이것은 재미있는 정리이다. 간단 히 말하면 다음과 같다.

독일 제3제국의 힛틀러 총통이 만들고 심리학자 프로이트가 증명했다고 하는 '힛틀러·프로이트의 정리'는 "국가나, 기업체, 종교단체 등 조직체는 먼저 목적을 만들고 그리고 그것을 사명감 으로 까지 상승시킨 다음, 다시 이데올로기화(化) 하고, 신체 (神軆)와 교전(敎典)을 만든 다음에 비로소 확립된다'라고 하는 것이다. 그러나 이 프로세스에 있어서 힛틀러가 분명히 정의화 (定義化)하고 프로이트가 정신분석적으로 증명한 것은 카리스마 의 필요성과 '카리스마=신격적 지도자에게는 실수나 잘못이 없어야 된다'는 것이다. 쉽게 말하면, 카리스마는 절대로 자기 잘못을 인정하면 안된다는 것이다. 물론, 잘못을 저질르는 우 (愚)를 피하면 좋은데, 만일 잘못이 있다 해도 그것을 인정하지 않아야 된다……는 것이 된다.

이같은 정리를 급속도로 성장하고 있는 기업체의 경영자나 창업자들에게 설명하면 대부분은 매우 즐거워한다. 이것을 정리 하면,

(1) 스스로가 카리스마화(化) 하지 않으면 안된다.

(2) 카리스마는 잘못이 없어야 된다. 그러기 위하여는 항상 노력하고 정상적이어야 되며, 무엇이 옳은가를 끊임없이 발견하

〈표 8〉 후나이식 조직체 확립법

	톱의 자세	조직체의 자세
원맨형(型) ↓	대의명분이 있는 ⟷ 목적을 만든다 ↓ 목적을 사명감까지 ⟷ 승화시킨다 ↓ 목적을 이데오르기화 ⟷ 하여 톱을 카리스마화 한다 ↓	구성원은 톱의 동료이고 오직 일체화 되어 있다 ↓ 성공의 연속으로 회사가 커진다 ↓ 리더(지도자)는 신격화 되고 실수가 없다 ↓
조직 활동 을 시작한다 ↓	교전(教典 : 이념이나 철 ⟷ 학을 정리한 것)을 만들고 권한과 책임을 분산하기 시작한다 ↓ 스스로를 권위화하고, 조직 ⟷ 화에 전력투구한다 ↓	조직안에 계층이 생기며 간부를 포교사화(化) 하거나 관리직화 한다 ↓ 조직 메릿(효과)이 나타나기 시작한다 ↓
조직체를 확립한다	조직의 권위화 및 누구나 ⟷ 가 인정하는 후계자 만들기 를 시작한다.	조직체가 안정되고 확대 순환에 들어간다.

고 신중히 행동해야 된다.

(3) 또, 만일 잘못이 있어도 자기 부정이나 비판에 의해 스스로가 잘못을 절대로 인정해서는 안되며, 조직체가 확립될 때까지는 부하가 카리스마인 톱(최고 경영자)을 부정하거나 비판해서도 안된다는 것이다. 이것으로 그들이 즐거워하는 이유를 알게 될 것이다.

이 정리에서 힌트를 얻어 내가 만든 것이 〈표 8〉에 제시된 후나이식 조직체 확립법이다.

여기의 원맨형(型)은 초급 레벨, 조직 활동을 시작한 단계가 중급 레벨, 조직체가 확립된 단계가 상급 레벨이라고 보면 될 것이다. 이렇게 생각하면 이해가 쉬운데, 이 차트를 기업 체질의 개선, 신상품의 판매, 새로운 체널 만들기 등에 응용하거나 활용하면 효과를 기대할 수가 있다. 독자들도 활용하기 바란다.

(2) 셰어 업(Share up)법

초급 레벨의 셰어란 것은 11%의 영향 셰어에 우선 도달하는 것이다. 그러나 전술한 바와 같이, 이것은 7%의 존재 셰어와 마찬가지로 노력하면 누구나가 도달될 수 있다. 비교적 간단하다.

그러나 중급레벨이 된다는 것은 톱셰어의 26%에 도달되는 것이고 이것은 상당히 힘들다. 이 26%에 도달하기 위해서는 이제까지와는 전혀 다른 사고방식이 필요하다. 즉, 자기 복합(自己複合)과 자기 경쟁(自己競爭)의 개념이 필요하게 되는데, 이것은 발상의 전환이 없으면 이해하기 어렵다. 소위, 전혀 다른 레벨인 것이다. 이제 이것을 모델화하여 설명하기로 한다. 〈표9〉를 보기 바란다.

무조건 상권(商圈) 안에서 30%의 셰어에 도달하려면, 상권 안에서 상호간 복합(複合)되고, 경쟁하면서도 한편으로, 상권 안을 철저하게 커버하는 3개의 자기 점포를 〈표9〉의 그림 ②와 같이 개점시켜야 된다. 또 그 이상의 수준인 독과점 셰어=42%에 도달하려면 〈표9〉의 그림 ③과 마찬가지로, 그림 ②의 A, B, C 3점 이외의 중심지에 모점포(母店舖)인 X점을 개점하므로써 A, B, C, X 4개 점포가 비로소 독과점이나 독점을 할 수 있게 된다.

이에 대한 이론적 근거나 수법은 완전히 완성되어 있고, 실증

〈표 9〉 셰어 업(Share up)법(예 : 소매점)

① 상권 안에 하나만 점포를 만들고 여기에만 주력하면
   10% 정도의 셰어(점거율)를 갖게 된다.

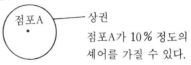

점포A가 10% 정도의
셰어를 가질 수 있다.

② 상권 안에 그림과 같이 자기 점포인 A, B, C를 복합 경쟁
   시키면서 출점하면 처음으로 30%의 셰어를 갖게 된다.

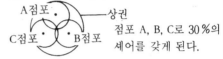

점포 A, B, C로 30%의
셰어를 갖게 된다.

③ 40% 이상의 셰어를 위하여는 그림의 중심부에 어머니
   점포인 X 분점이 필요하게 된다.

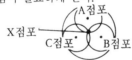

점포 A, B, C, X로
40% 이상의 셰어를
갖게 된다.

례도 많지만, 상세히 설명할 필요가 없으므로 이 정도에서 셰어
업의 방법 설명은 끝맺기로 한다. 어쨌던 레벨업 수법은 완전한
발상의 전환과 종래의 생활태도=방향을 발판으로 삼는 것이
핵심이다. 이것은 인간속에 동물적인 의식이 남아 있고 신(神)
속에 인간 의식이 남아있다고 생각하면 이해하기 쉽다.

　이 레벨업 수법에는 실천적인 원칙이 있다. 그것은 우선, 기업
체의 톱과 간부가 레벨업의 필요성을 느끼는 일이다. 그 다음에
는 종래의 수법을 단위를 축소해도 좋으니까 복합화(複合化),
경쟁화 시켜보는 것이다. 그리고 그것을 정리하여 운영하는 방법
을 발견하면 되고 이것을 반복하면 된다. 또 그 이상의 레벨로
가려면 더욱 분산화(分散化)함과 동시에 그것을 통합시키는
핵심을 만들면 된다. 이렇게 생각할 때 원리는 비교적 간단하

다. 이 이상의 상세한 설명은 독자들의 흥미에 의해 충분히 이해되리라고 생각한다.

이제까지 기술한 5가지의 각 수법과 레벨 향상의 원리나 수법을 경영인 및 간부들이 터득하면 틀림없이 기업체는 중급 수준으로 성장을 계속할 수가 있다고 볼 수 있다. 이것은 별로 어려운 이론도 아니고 실천하기에도 간단하다는 것을 알게 될 것이다.

7. 자연율적(自然律的) 처리법(상급의 원칙 수법 · 1)
—비즈니스를 활성화시키는 생명 시스템에서의 발상—

내가 최근에 가장 즐거웠던 것은 이시가와(石川光男)씨(국제기독교대학 교수·이학박사)의 저서인《비즈니스를 활성화시키는 생명 시스템에서의 발상》(1987년)을 읽었을 때였다. 이시가와(石川) 박사와는 구면이다. 특히 그의 저서인《생명사고(生命思考)》(1986)를 통해 나와 같은 발상의 학자라는 것을 알게 되었고 그의 사고방식에 관심을 가지고 연구한 바 있었는데, 이 저서가 발간된 것이다.

이 내용은 책명과 같이, '인간을 비롯한 생명체의 생존 시스템을 참고로 비즈니스를 활성화 하자'라고 하는 사상인데, 이제까지 천지자연의 이치라든가, 자연율(自然律)을 모델로 인간의 생활태도를 생각하고, 한편으로는 경영수법을 개발하여 현실 문제를 처리해 온 나의 후나이식 발상과 완전히 같고 해답도 거의 일치하고 있는 것이다. 또 여러가지로 배우고, 시사하는 바가 커서 매우 즐거웠던 것이다.

이 책을 보면, ① 다위니즘에서 약육강식을 정당화 한 것은 잘못된 것이고, 자연계에서 약자를 멸망시키는 것은 인간밖에 없다는 것 ② 암세포처럼 자기만을 생각하고 증식하면 결국 기생주(寄生主)인 인간도 죽이고 자기도 죽게 되지 않을 수 없다는 것 ③ 이 세상은 오픈 시스템으로 움직이고 있다. 따라서 세그먼테이션과 같은 클로즈드 시스템(closed system), 폐쇄계(閉鎖系) 발상은 시류와 맞지 않는다는 것 ④ 지배하는 것보다는 순응하는 것이 훌륭하다는 것, 그것이 또 이세상의 올바른 시스템이라는 것 ⑤ 경영에는 계획성이나 목적, 목표가 필요하다는 것, 이것이 '하겠다는 의욕'이 되어 뇌세포의 활성화와 매우 관계가 깊다는 것 ⑥ 우리들은 우주선 지구호 위에서 운명공동체의 일원으로 살고 있으므로, 슬기롭고 조화적인 안정 상태를 유지하려는 발상이 필요하다는 것…… 등등이 씌어 있고, 덕택으로 나는 새롭게 20여 가지의 지혜를 이 책에서 얻게 되었다.

그때문인지 나는 최근에 이시가와(石川) 선생과 자주 만나고 있는데, 그때마다 즐거움을 서로 나눌 기회가 많았다. 지난 2월 2일에는 우리 회사를 방문할 기회가 있었는데, 주로 경영 일반에 관하여 대담을 갖게 되었다. 다음은 그 대담의 내용이다.

후나이(船井) : 지금 '현상(現象)과 베이식(기초적)이 아닌 것은 불필요하다'고 하는 보기에 따라서는 난폭한 이론처럼 보이는 《베이식 경영에의 권고》라는 책을 쓰고 있는데, 집필 도중에 이시가와(石川) 선생의 의견을 상당히 많이 참고하게 되었습니다.

이시가와(石川) : 그렇습니까. 나의 책이 후나이 선생님과 같은 경영 전문가에게 참고될 줄은 전혀 상상 못했습니다.

후나이 : 이 세상에서 기초적(베이식)인 것이 무엇인가를 생각할 때, 현재 도달된 한가지 결론은 유니화이드 필드, 통일장(統一場)이라는 사고방식입니다. 소위 초중력(超重力)이론이지요.

이것은 양자(量子) 물리학의 분야이므로 선생님이 전문가인데, 초중력이나 초의식(超意識)의 세계란 것이 이 세상에 널리 존재하고 그것이 자연계에 있는 모든 힘의 근원(根元)이고, 여기에서 나오는 자연법칙이 자연계 모든 현상의 바탕이 아닌가 하는 사고방식에서 볼 때, 이 세상만사의 현상을 쉽게 알 수 있다고 느끼게 되었습니다.

이시가와 : 과연 그렇습니다.

후나이 : 그러나 그것만으로는 설명하기 어려운 점이 있었는데, 마침 이시가와 선생의 《비즈니스를 활성화하는 '생명 시스템'에서의 발상》을 읽고서 바로 이것이라고 생각했지요. 초중력 이론에 '호롱'의 개념을 도입하면 모든 것을 더욱 확실하게 설명할 수 있다고 생각됩니다.

이시가와 : '호롱'의 개념을 이용한 경영 서적은 전에도 있었는데, 나의 경우는 '호롱'의 기초로서 '개방계(開放系)'라는 사고방식을 중요시합니다. 개방계(오픈 시스템)란 것은, 여러가지 부분의 상호작용을 중요시하는 과학 모델인데, 이같은 모델에서 생각하면 생명의 특징을 쉽게 알 수 있습니다. 생명이 스스로 질서를 만들거나 훌륭한 유연성(柔然性)을 갖는 이유를 설명할 수 있게 된 셈이지요. 이것을 인간의 조직에 이용하면 여러가지 '연관성'을 이용함으로써 조직을 활성화 할 가능성이 있지요. 그 사고방식을 사회적 시스템, 경영과 관련시키면 어떤가 하는 것이 《비즈니스를 활성화 하는 '생명 시스템'에서의 발상》의 한가지 시도(試圖)였습니다.

후나이 : 평소 실제적인 경영이나 컨설팅을 통해 여러가지를 느꼈거나 이해된 사실들이, 이 책속에서 '비즈니스를 활성화하는 7가지 포인트'로 잘 정리되어 있어서 나에게 도움이 되었습니다. 경영인들은 이 7가지를 곰곰히 생각할 필요가 있다고 생각

합니다. 여러사람들에게 알려주는 것이 좋을듯 합니다.

이시가와 : 후나이 선생께서 그렇게까지 생각하실 줄은 몰랐습니다. 경영이나 비즈니스에 대해서는 전혀 아마추어여서 힘겹게 쓴 책입니다. 그런데, 후나이 선생께서는 어떻게 '베이식 경영의 발상'을 갖게 되었습니까?

후나이 : 나는 농촌에서 태어났고 농사 일을 하면서 학교에 다녔으므로 시간이 매우 귀중했지요. 다행히 재치와 체력도 있었으므로 요령은 좋은 편이었는데, 어쨌던 시간이 없어 필연적으로 필요한 일에만 매달리게 됐지요. 그래서 일반적인 '놀이(유흥)'에는 관심이 없었고 바쁜 사이에 생각한 것이 결국 '근본부터 알자', '근원적인 발상이 가장 좋다', 그러면 시간을 효율적으로 이용할 수 있고 인생을 뜻있게 보낼 수 있겠다고 생각했습니다. 그리고 농촌생활이여서 땅이나 동식물과 친숙해졌고 농업은 날씨에 의해 크게 영향을 받으므로 자연의 위대함과 두려움같은 것을 어렸을 때부터 충분히 알게 되었지요. 그러한 경험을 거쳐 대학에서 농업경제학을 전공했는데, 대학에서 배운 것이 실제적인 생활과는 거리가 먼 것이 많았고, 그래서인지 몰라도 학교 공부에는 비교적 등한했던 셈입니다.

이시가와 : 후나이 선생님의 발상은 교과서에서 터득한 것이 아니라 자연이나 체험을 통해서인 것 같군요. 학자들은 대개 폐쇄계(閉鎖系)에서 생각하는 편이므로 한가지 학문의 틀이나 테두리에서만 생각하는 경향이 있지요. 그런데, 후나이 선생은 처음부터 개방계(開放系)적인 발상이 습관화 되어 학문적인 독선을 초월한듯 합니다.

후나이 : 아마도 그런것 같군요. 그래서 근원을 깊이 생각하는 도중에 통일장(統一場) 이론과 이시가와 선생 스타일의 개방계적(開放系的) 사고방식으로 세상의 여러가지 문제를 설명할

수 있는 것이 아닌가 하고 느낀 것이지요. 그리고 경영도 이같은 인식 위에서 생각하게 되고 이제까지의 경영을 정리 및 개발한 것이 베이식 경영인 셈이지요. 그런데, 이시가와 선생의 사고방식이나 생활태도의 기초는 무엇인지요?

이시가와 : 나는 본래 몸이 허약한 편이었으므로 대학에 들어가서는 여러가지 건강법에 관심을 갖거나 정신적인 문제, 종교적인 문제와 접촉을 갖게 되었지요. 그래서 물리와 종교, 건강법이 나의 3가지 주요 사고방식이 된 것이지요. 그런데, 물리학이나 기독교에는 어딘가에 막힌 점이 있지요. 그런 의미에서 나는 본질적으로 개방계적인 발상이 강한듯 합니다. 물리학이나 기독교만으로는 동양적인 발상에 관심을 느낄 수 없기 마련인데, 체험적으로는 동양적인 건강법에 매력을 느껴온 것이 사실입니다. 그러기 때문에 서구적인 스포츠보다는 동양적인 요가나 무술(武術)에 관심을 갖게 된 것이지요.

요가나 무술은 동양문화의 특질을 탐구한다는 점에서 매우 재미있는 것이지요.

후나이 : 매우 다양한 취미를 갖고 있군요. 사고방식이 유연하여 학자같지가 않군요.

이시가와 : 그렇지요. 나 자신도 학자적이 아니라고 생각합니다. 학자란 무조건 전문적인 범위에서만 생각하는 경향이 있고, 전문 이외의 문제에 대하여는 신경쓰지 않는 것이 당연한 것으로 되어 있지요. 그런데, 나는 물리학 이외에 대하여도 매우 관심이 많으므로 물리학자로서는 실격(失格)이지요.

후나이 : 그렇군요. 경영자는 모든 문제에 관심을 갖습니다. 그리고, 이것이다 라고 생각되면 유연하게 받아들입니다.

우리 회사에도 매일 신상품이나 새로운 시스템에 대한 정보가 들어오는데, 참으로 좋은 것은 사업화 되도록 도와주고 있습니다. 물론, 그 중에는 과학적으로 설명하기 어려운 것도 있지요. 예를들면, 사용하는 사람에 따라 상품의 효과가 틀리는 경우가 가끔 있습니다. 이것은 의식(意識)이 물리적인 현상에 영향을 준다는 사실이라고 봅니다.

이시가와 : 그런 점이 있습니다. 현재까지의 과학과 같은 성분 분석만으로는 불가능하니까 현재의 교과서에서 완전히 **빠져있는** 요소, 예를들면 의식이라는 요소를 무시하면 설명이 안되는 일이 세상에는 많이 있습니다. 그런데, 과학자가 그것을 인정하는 것은 쉬운 일이 아닙니다.

후나이 : 그런데, 경영이란 것은 원래가 그러한 세계이고 경영자란 비교적 태연하고 침착하지요. 오히려 이같은 현재의 과학으로 설명하지 못하는 것을 현실화 하면서 현상을 설명하므로서 실사회가 기존의 문화나 학자의 두뇌를 변화시키는 것이 아닐까요.

이시가와 : 그렇습니다. 변화한다면 실사회에서 부터 시작되겠지요. 이제부터의 문화는 실사회가 리드한다고 나는 생각합니다. 이제까지는 소위 상아탑(象牙塔)이나 연구자들이 리드해 왔지만 앞으로 본질적인 혁명은 여기에서 나오기 힘들겠지요. 오히려 실사회쪽에서 추구하기 때문에 대학 교수나 상아탑이 당황하게 될 가능성이 있습니다. 미래 사회는 그렇게 될 가능성이 많지요.

후나이 : 그같은 인식 위에서 세상의 현상을 이론적으로 정립한 학자가 나온 것은 바람직한 일입니다. 이시가와 선생과 같은 분은 찾아보기 힘들지요.

이시가와 : 그래도 나는 괴롭습니다. 쓸데없는 짓을 하고 있다는 동료 교수들의 지적이 있습니다. 고립무원(孤立無援)이지요.

후나이 : 그대로 이 세상을 위해 도움이 되고 있으니까 용기를 가지세요. :

이시가와 : 그렇게 말씀하시니까 의욕이 생기는군요. 내가 이제부터 하려고 하는 것은 과학적인 발견이나 과학적인 발상을 새로운 사상이나 가치관의 추구에 도움이 되도록 하는 일입니다. 이와같은 사고방식 자체가 개방계(開放系) 모델의 응용이 되는 것인데, 현재까지는 과학자가 과학세계에만 지나치게 안주(安住)해 왔다고 생각됩니다. 현실적으로, 과학적인 발상은 이제까지 대부분 무의식적으로 실사회에 도입되어 왔습니다.

그런데, 과학의 발상법에 한계가 있는데도 변함없이 그것을 금과옥조(金科玉條)로 응용하여 왔기때문에 이제는 벽에 부딪친 것이 아닌가 생각됩니다. 그래서 현재는, 과학의 발상적인 토대가 흔들리고 전혀 새로운 발상이 필요하게 된듯 합니다.

후나이 : 그것이 가능한 것은 물리학 뿐이군요.

이시가와 : 아마도 그럴 것입니다. 다른데는 새로운 발상의 원점이 없기 때문이지요. 생물학이나 의학도 기본적으로는 물리학적인 발상의 응용이니까요.

새로운 발상이 나오면 과학이니까 이렇게 응용이 효과적인가 하고 생각할 만큼 응용이 탁월합니다.

후나이 : 이시가와 선생의 저서 중에 암세포에 대하여 재미있는 이야기가 있었는데…….

이시가와 : 암세포를 조사해 보면, 암세포끼리는 서로 정보를 교환하지만 결코 정상 세포와는 정보 교환을 하지 않는다는 것을 알 수 있습니다. 생명체에서는 비정상적인 이상한 암세포가 증가되면 위험하므로 위험신호를 계속 보내게 됩니다. 그런데 암세포는 위험신호를 받아들이지 않고 결국에는 생명체를 굴복시키지요. 이것은 암세포가 생명체 중에서 승리자가 된다는 것인데,

승리자인 암세포는 과연 가장 적합한 존재인가? 하는 것이지요.

누구나 그렇게 생각하지 않지요. 결국 승리자가 되지만, 적자생존(適者生存)은 아니지요. 그러나 암세포가 생명체 안에서 승리자가 된다는 것은 숙주(宿主)인 생명체의 죽음을 뜻하므로 결국 암세포 그 자체도 운명적으로 사멸하게 되지요.

후나이 : 암세포를 한 국가나 기업체로, 생명체를 국제사회라고 비교한다면 의미하는 바가 분명하군요. 말씀의 뜻을 이해하게 됩니다. 뭣보다도 이 책 속에는 다윈의 진화론에 관한 이야기가 있는데, 이해가 되고 매우 시사적(示唆的)이었습니다. 다윈의 진화론 핵심은 돌연변이와 자연도태에 의한 적자생존(適者生存)의 결과로, 우수한 존재가 약간씩 변화하면서 진화한다는 사고방식이지요. 거기에는 생존경쟁에서 승리로 살아남은 자만이 적자(適者)이고 이 승리자가 생물을 진화시켜간다고 하는 사고방식이 있습니다. 이것이 현재의 사회, 자유주의 경제의 기본원리라고 하는 '경쟁 최선의 원리'나 '적자생존'이라는 원리에 영향을 주어왔다는 것이지요.

이시가와 : 그런데 이 다위니즘을 연구한 새로운 사고방식이 등장되었지요.

후나이 : 이마니시(今西)씨의 진화론입니까?

이시가와 : 그렇습니다. 생물의 세계는 조화적인 안정상태에 의해 유지되고 있다는 것이지요. 나는 이마니시 진화론의 과학적인 의미보다도 이것이 시사(示唆)하는 바, 경제계가 참고해야 할 교훈이 크다고 생각합니다. 현대와 같은 국제화의 시대, 지구가 하나의 운명공동체인 시대에는 다양한 문화나 가치관을 가진 민족이 좁은 지구 위에서 협력하면서 살아가야 하므로 '조화적인 안정상태'나 '공생(共生)'이라는 사고방식이 필요하게 되지요.

비즈니스의 세계에서도 다위니즘을 추진한다면, 강자가 전세계의 모든 물질을 지배해야만 문제가 해결되지요. 매우 위험한 사고방식입니다.

후나이 : 자연계란 것은 참으로 오묘하게 구성되어 있습니다. 약육강식의 동물세계에 있어서도 같은 지역에 생존하는 강한 동물이 어느 약한 동물을 완전히 멸망시키는 일은 결코 없는 것이지요. 이것이 천지자연의 이치인데, 다만 인간만이 이것을 짓밟고 있는 것이지요.

자연에 맡긴다는 것은 본래 동정심을 갖는다는 의미이기도 한 것입니다. 인간들이 모두 동정심을 갖는다면 경제나 사회생활에 있어서 규제 등이 없이 자연에 맡겨도 잘 유지되기 마련이라고 봅니다. 그런데, 인간만은 교육하지 않으면 남에 대한 배려나 동정심을 갖지 못한다. 따라서 동정심이 있는 사람과 없는 사람이 혼재(混在)된 세계에서는 어느 정도의 규제와 자유의 제한이 필요하게 된다. 그런데 경쟁원리나 적자 생존의 원칙만으로 치닫게 되면 얼마후 균형이 깨져 파탄을 가져오게 되는 것이지요.

이시가와 : 그렇습니다. 일본은 현재의 자유주의 경제 중에서 경제마찰의 주역이 됨으로써 세계에서 강한 비판을 받고 있습니다. 승자만이 적자(適者)라는 발상으로는 승리자의 교만성을 만듭니다. 이 사고방식 자체를 근본적으로 바꾸어야 할 시기가 이제는 온 것이 아닌가 하고 생각합니다.

후나이 : 동정심이 없는 암세포가 되어서는 안된다는 것이지요. 그러나 기업의 경영자도 경영 만능만으로는 안된다는 것을 알기 시작했습니다. 다만, 현실적으로 기업가는 많은 사원을 고용하고 있으므로 이익을 추구하지 않으면 안된다. 그래서 가장 쉽게 돈버는 방법을 강구하지 않으면 안된다. 그래서 가장 쉽게 돈버는 방법을 강구하는 것이다. 나는 이 황금만능적인 시대,

물질 지상주의가 10년 내에는 끝난다고 생각합니다.

이시가와 : 과연 경제계의 동향은 매우 빠르군요. 학문의 세계에서는 그러한 기본적인 토대가 변화하려면 상당한 시간이 걸립니다. 또 위기감이 적은 편이며, 현재까지도 학문세계는 문화 위에 군림한다는 교만이 있습니다.

후나이 : 금전 지상주의, 목전(目前)주의, 아욕(我慾) 절대주의 같은 것은 이제 살아질 것입니다. 10년을 넘지 않을 것입니다. 지금까지 우리들은 이러한 수법을 주로 가르쳐 왔으나 이제부터는 발전적으로 방향 모색이 필요합니다. 이번에 쓰는 책에서도 이것을 중점적으로 다루고 있습니다. 앞으로 10년이 지나면 비즈니스 세계도 크게 변할 것인데, 이미 방향은 분명합니다. 우리 회사에서 취급하고 있는 상품을 보아도 공통성을 발견할 수 있지요.

이시가와 : 확실히 한가지 방향성(方向性)이나 공통성을 갖고 있는 것은 자연스럽게 무리없이 모이기 마련입니다.

후나이 : 이제부터는 정신과 육체의 아름다움과 건강을 같은 계통의 인맥(人脈)과 네트워크를 통해 제공하는 매개·매체(媒體) 비즈니스 시대가 각광을 받을 것입니다.

이시가와 : 동감입니다. 나도 네트워크 만들기를 주장하고 있습니다. 경쟁하는 것이 아니고 네트워크를 만들어 협력하는 것이 전체적으로 바람직한 것이 아닌가 생각합니다. 그러나 이러한 발상은 아직도 경영자들에게는 설득되지 못하고 있는듯 한데요 …….

후나이 : 아직 완전하다고는 말할 수 없는데, 서서히 되겠지요. 이제까지의 가치관을 버리고 진실로 자연으로부터 정직하게 배우게 되는 때가 멀지 않아 온다고 생각합니다.

이시가와 : 대찬성입니다. 이제부터는 문화를 어떤 방향으로

변화시켜 갈 것인가 하는 확실한 방향성을 갖고 있는 기업체가 크게 역할을 맡게 되겠지요. 기업의 업적 상승에만 집착하면 결국에는 시대적으로 낙오자가 되겠지요.

후나이 : 그렇습니다. 나의 생각하는 바를 학자로서 이론적으로 정립한 이시가와(石川) 선생을 만나게 되어 매우 즐겁습니다. 앞으로도 잘 부탁합니다.

〈참고〉 비즈니스를 활성화 하는 7가지 포인트(石川光南 박사의 사고방식)

(1) 자기 조직화 능력

오픈 시스템[주위 환경과 함께 정보나 물질, 에너지 등을 교류(발산과 수납)하면서 다이나믹하게 변화를 계속하는 것]으로서의 생명체는 스스로가 질서를 형성할 수 있다. 이같은 자기 질서 형성 기능을 십분 활성화 하기 위하여는 흔들리는 '호롱'을 소생시킴과 동시에 외부와의 균형적인 정보 교환을 취하지 않으면 안된다.

(2) 부분의 자율성과 협조성

부분의 자율성이란 '호롱'의 요동(搖動)을 의미하고 협조성(協調性)이란 부분으로서의 호롱이 전체와 정보교환을 하면서 생명 시스템이 활성화 되도록 협조적으로 기능한다는 것을 의미한다. 개성의 활용과 공생(共生), 조화적인 안정 상태라는 사고방식의 실현, 그러기 위해 인간의 의식 스케일을 변혁할 필요가 있다.

(3) 비선형성(非線型性)＝상승 효과

오픈 시스템에서는 일반적으로 대략적인 계산이 통용되지 않는다. 환언하면, 부분의 성질을 단순하게 대략적으로 합친다고 해서 전체가 되지는 않는다.

(4) 비선형 진동(非線型振動)=끌어넣는 현상

오픈 시스템에서는 끊임없는 변화를 반복하면서 다이나믹한 안정성을 유지하고 있다. 그 특성에 의해 시스템에서 리드미컬한 변화가 생성된다.

이 리듬에는 두 종류의 재미있는 현상이 나오는데 '호롱'이 집합체를 이루면, 전체가 일정한 리듬으로 변화하는 '상호간 끌어넣기 현상'과 외부의 리듬에 맞춰 '호롱'이 진동하는 '강제적인 끓어넣기 현상'이 나타난다.

(5) 순환적 인과율(因果律=피드백(feedbark)에 의한 정보 루프

생명 시스템 속에서는 원인과 결과를 명확하게 분리시켜 보여주는 직선적인 인과율은 통용되지 않는다.

(6) 안정성과 유연성

정적(靜的)인 안정성에는 유연성이 없으나 동적(動的)인 안정성은 유연성이 풍부하다. 조직이나 개인에 있어서도 동적인 안정성을 어떻게 실현하는가 하는 것이 핵심이다.

(7) 일반성과 특수성

'호롱'은 보편성과 개성을 겸비하고 있는 존재이다. 인간의 보편성과 개성, 문화의 보편성과 특수성이라고 하는 양면성(兩面性)을 어떻게 처리할 것인가가 과제이다.

어쨌던 내가 발견한 베이식 경영법의 여러가지 수법은 자연율=천지 자연의 이치에 따른 경영을 하자는 데서 부터 나온 것이다.

이들의 탁효는 지난 수년간 많은 실례와 함께 나 자신이 너무나 잘 알고 있다. 예컨대 '타자(他者) 올(all) 긍정, 과거 올 선(善)에 의한 포용법' '경영철학으로서의 매크로적인 선(善) 발상' '기브 앤드 기브(give and give) 경영의 권장' 등은 모두가 천지 자연의 이치에서 생각하고, 이것이 가장 올바르다는 추론 (推論) 위에서의 경영 수법인 것이다. 모든 것에 응용되고 즉시 해답이 나온다.

나는 이 자연율적(自然律的)인 처리방법이 분명히 근원적이거나 상급의 경영원칙이며 경영수법이라고 생각하고 있다. 그 이유는 이것이 모두 통용될 수 있고 거기에는 위험성이 전혀 없기 때문이다. 매크로적으로 볼때, 자연율적 처리법으로 경영하면 반드시 성공한다. 그리고 인간이나 인간이 만든 경영체가 도달되는 모습으로서 자연율을 모델로 판단할 때, 무엇때문에 인간이 이 세상에 태어났는가의 이유도 어느 정도 연구하면 모든 사람들이 확실히 이해할 수 있게 된다.

이같은 것을 이해하기 위해서, 또 이 책에서 이제까지 기술한 이유를 알기 위해서는 여기에 소개한 이시가와(石川) 선생의 두가지 저서《생명 사고(思考)》,《비즈니스를 활성화하는 '생명 시스템'에서의 발상》과 함께, 최근에 내가 쓴《비즈니스 미래론》(1987년)《유통 비즈니스의 시대》(1987년)《직감력의 연구》(1987),《성공하는 사람의 인간학》(1986년)《진짜로 유통문제를 분석한다》(1986년) 등을 읽어보기 바란다. 그러면 거기에 나오는 자연율적인 처리법이 현실적으로 경영 세계에서 어느 정도 플러스되고 있는가, 또 결코 잘못된 것이 아니란 것을 느끼게 될 것이라고 생각한다. 부디 자연율적 처리법에 접근하기 바란다. 모델은 주변에 얼마든지 있다. 참고 도서도 많다.

8. 문제 해결법(상급의 원칙 수법 · 2)
-포인트는 직감력(直感力)이다-

앞에서 언급했지만, 현재 인간의 지적(知的) 능력이나 지각(知覺) 능력에는 인텔리젠스(지식), 인텔렉트(지혜), 인튜션(직감)의 3가지가 있는 것으로 알려지고 있다. 그 중에서도 가장 고도의 지적 능력은 영어로 인튜션(intuition)이라는 직감력이다. 직감력에 대하여 나는 '일체의 5감(感)과 사고(思考)를 통하지 않고 마음이 직접 알려고 하는 것을 인지(認知)하는 것'이라고 정의하고 있다.

그런데, 이 직감력이 어떤 것인가에 대하여는 나의 친구이며 직감력 연구의 전문가로 알려진 윌리암 · 카우츠 박사와 나의 대담 기록이 있으므로 그 중의 일부를 소개하려고 한다. 이것을 읽으면 누구나가 쉽게 이해할 수 있기 때문이다. 이 대담은 1986년 10월 22일 우리 회사를 방문한 카우츠 박사와 가졌던 내용이다.

후나이 : 카우츠 박사! 안녕하세요. 오늘로 네번째 만나는군요. 언제나 당신과 만나고 있으면 몇백년 전부터 알던 사람처럼 느껴집니다. 그런데, 카우츠 선생은 스탠포오드 연구소 등에서 장기간 컴퓨터를 연구하였는데, 무엇때문에 인간 연구에로 방향을 바꾸었습니까?

카우츠 : 20년간 과학자로서 컴퓨터를 중심으로 연구를 계속해 왔는데, 나는 그때부터 점차 인간의 창조성이나 직감에로 홍미가 변해갔지요. 그것은 한때 유능한 직감 스페셜리스트(전문가)를 만난 일이 있는데, 아직도 과학으로는 해명할 수 없는 정보를

얻을 수 있었던 것이 기회였다고 생각됩니다. 그 사람은 그 후, 2~3년간에 걸쳐 일어날 일들을 예언하였는데, 그것은 전부 실현됐지요.

그래서 나는 앞으로 과학이 어떻게 발전될 것인가를 그에게 질문함과 동시에, 나 자신의 미래 방향성에 대하여도 몇가지를 질문했지요. 그 대부분이 그대로 실현됐습니다. 그같은 만남이 계기가 되어 나는 인간의 능력이나 인간에게 흥미를 갖게 되고 이 분야에 관심을 갖게 되었다.

후나이 : 현재는 인간의 직감이나 번뜩하는 재치, 느낌이나 감(感), 제6감과 같은 것을 중심으로 연구하고 계시지요. 한마디로 말해서 직감은 무엇입니까? 나도 감이 비교적 좋은 편인데, 예측이 맞기도 하고 느낌으로 여러가지를 알때가 있습니다.

카우츠 : 우리들도 직감이란, 일체의 오감과 사고(思考)를 통하지 않고 마음이 직접 무엇인가를 인지하는 것으로 정의하고 있습니다. 결론적으로, '직접 아는 것'이고 흔히 번뜩이는 재치나 '감(느낌)' 같은 것과 같습니다. 인간이면 누구나 갖고 있는 능력인데, 다만 보통인은 그것이 별로 개발되지 않고 있는 것이지요. 그리고 직감에는 한계가 없습니다. 모든 분야의 모든 정보를 직접 얻을 수가 있지요.

후나이 : 동감입니다. 사장업(社長業)을 몇년간 계속하고 있는 사람, 특히 성공한 사람들에게는 예민한 직감을 가진 사람이 많은 것 같습니다. 최종적으로 무엇인가를 결단하지 않을 수 없을 때, 물론 데이터도 쓰지만은 직감으로 판단할 때가 많다고 생각합니다. 자기도 모르는 사이에 쓰고 있는 직감이지만, 그것은 도대체 어디서 나오는 것일까요……. 가급적 쉽게 설명하면 좋겠습니다만…….

카우츠 : 현대의 과학, 특히 심리학에서 알려져 있는 것은 인간

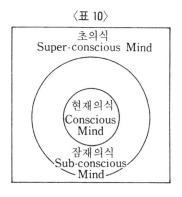

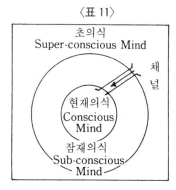

의 마음(의식)에는 몇가지 층이 있다는 것입니다.

우선, 평소 무엇을 보거나 듣거나 하는 의식이 있습니다. 이것을 현재(顯在)의식이라고 부르고 있지요.[표 : 10 참조]. 이 의식으로 5감을 통해 여러가지 정보를 얻거나 또 그것을 사고(思考)하기도 하지요. 그러나 현재의식에는 많은 정보를 장기간 저축할 기능이 없습니다.

그리고 현재의식 바깥쪽에 잠재의식(潛在意識)의 층이 있습니다. 여기에는 과거의 체험, 어릴때의 기억, 이제는 잊었어야 될 것 같은 기억이 축적되어 있습니다. 과거의 사건을 생각해내려고 할때는 현재의식의 마음이 잠재의식층에 가서 기억을 되살리게 합니다.

또, 그 잠재의식 바깥쪽에는 초의식(超意識)이라고 부르는 층이 있는 것으로 알려져 있습니다. 이 초의식에는 특징이 있는데, 하나는 인류의 과거와 현재, 미래에 관한 모든 정보, 더 나아가서는 우주의 역사와 같은 것도 여기에 존재합니다. 또 하나의 특징은, 이 초의식이 다른 사람과 공유(共有)하고 있다는 것입니다. 결국, 우리들은 초의식의 레벨에서 연결되어 있는 셈이지요.

초의식은 과거에 다양한 종교가나 철학자에 의해 그 존재가 밝혀졌고, 여러가지 다른 명칭으로 불리어 왔습니다. 예컨대, 칼·융은 이것을 집합(集合) 무의식이라고 부르고 있습니다. 이 초의식의 정보를 직접 현재의식으로 인지하는 것을 '직감을 얻었다'고 말하는 셈이지요.

후나이 : 과연 그렇군요. 이 초의식에 있는 정보를 자유롭게 얻으려면 어떤 방법이 있을까요.

카우츠 : 잠재의식에는 여러가지 기억들이 잠자고 있는 셈인데, 그 중에서 공포감이 동반된 체험이나 생각하고 싶지 않은 불쾌한 경험이 장해물로 많이 남아 있습니다. 이 장해물에 의해 초의식에서 현재 의식에로의 정보 흐름이 방해받고 있지요. 또 예를들어 초의식에서 정보가 들어왔다고 해도 장해물에 부딪쳐 정보가 비뚤어져서 현재의식에 전해지는 것입니다.

그러므로, 직감을 얻으려면 우선 잠재의식 속의 이 장해물을 제거하는 것이 중요합니다. 그리고 현재의식을 초의식으로 확대하고 초의식에서 현재의식에로 정보가 자유롭게 유입될 수 있는 경로(채널)를 만듭니다[표 : 11]. 이렇게 함으로써 언제나 필요할 때 자유롭게 직감을 얻는 것이 가능해지지요. 이것은 우리들이 많은 훈련을 통해 실증되고 있습니다.

후나이 : 그렇군요. 직감 스페셜리스트라고 불리우는 사람들은 그런식으로 직감을 자유스럽게 얻을 수가 있겠군요. 나의 경우는 훈련이 없었기 때문에 틀리는 모양이군요.

카우츠 : 같다고 봅니다. 직감을 얻을 경우, 두가지에 유념할 필요가 있습니다. 하나는 우선 초의식에서 들어오는 정보를 잠재의식의 기억이나 장해물 등에서 구별할 수 있도록 하지 않으면 안됩니다. 또 한가지·현재의식·잠재의식·초의식에서는 거기에 있는 정보의 형태가 전혀 다르다는 사실입니다.

　평소에 무엇을 해보거나 듣거나 하여 입수된 정보, 결국 현재 의식이 다루고 있는 것은 매우 구체적인 것이지요. 또 잠재의식에 축적되어 있는 것은 상징(심볼)으로서 잠들고 있습니다. 한편 초의식에 있는 정보는 매우 추상적인 것입니다.

　그러므로 초의식에서 현재의식으로 들어오는 추상적인 정보를 구체적인 언어로 번역하지 않으면 안됩니다. 직감 스페셜리스트란 것은 이런 것이 가능하고 언제나 필요한 경우 초의식에서 정보를 출력(出力)시킬 수 있는 사람을 말합니다. 덧붙여서 말하면, 내가 주관하고 있는 응용직감력(應用直感力) 연구소(CAI)에는 이같은 직감 스페셜리스트가 9명 있습니다. 모두가 이 연구소의 독자적인 엄정한 기준에 도달된 우수한 능력자들입니다. 또 인격적으로도 훌륭한 사람들입니다.

　후나이 : 점술사(占術師)·영매사(靈媒師)라고 불리우는 사람들이 많은데 직감 스페셜리스트와는 어떻게 다른가요?

　카우츠 : 캘리포니아에도 이같은 점술사나 영매사들이 많은데, 그중에는 진짜 직감 스페셜리스트도 있습니다. 그러나 그 대부분은 인격적으로 미숙하거나 나타나는 정보도 부정확할 때가 있습니다. 또 단순히 사람들을 놀라게 하려는 목적으로 발언하기도 합니다. 대개 20명중 19명은 그런 사람들이라고 생각합니다. 그러므로 CAI에서는 엄정한 기준을 만들어 직감 스페셜리스트들을 등록시키고 있는 것이지요. 인격적인 측면, 나오는 정보의 정확성, 책임감 등에서 우수하여야 직감 스페셜리스트라고 말할 수가 있는 것입니다.

　후나이 : 잘 알았습니다. 그런데 나와 친분이 있는 회사에 하야시하라(林原)라는 기업체가 있습니다. 하야시하라 그룹의 핵심 체인데, 21세기에는 하야시하라 그룹의 시대가 되지 않을까 하고 생각할 정도로 유명한 회사지요. 여러가지의 신제품을 계속적으

로 개발하고 있는데, 거기에는 세이끼(政木和三)씨라고 하는 수백개의 특허를 가진 분이 있습니다.

이 분은 장기간 오사카(大阪)대학에서 일렉트로닉스(전자공학)를 전문적으로 연구해 온 과학자로, 지금은 이 하야시하라(林原)그룹에서 여러가지의 신상품을 개발하고 있지요. 이 분은 수년동안, 해마다 40건 정도의 특허를 얻고 있는데, 얼마전 '어떻게 그런 발명이 가능하느냐'고 물었더니 '하나님이 가르쳐 준다'고 말하더군요. 물론 그 분은 과학자이므로 과학적인 사람임에 틀림없고 10년쯤 전부터 현실적으로 하나님(신)이나 초의식과 같은 존재로 부터 암시를 받는다고 말합니다. 도면을 앞에 놓고 머리속에 들어있는 인스피레이션을 착착 기록하게 되면 훌륭한 제품이 만들어진다는 것이지요. 직감 스페셜리스트와 매우 비슷합니다. 직감 스페셜리스트라고 불리우고 있는 사람들도 이와 비슷하게 정보를 얻는다고 생각되는데 지금 일본이나 미국에서도 비즈니스업계가 이런 능력자들로 부터 아이디어를 얻어 새롭고, 더구나 천지자연의 이치에 맞는 신제품을 개발하는 시대가 됐다고 느끼게 됩니다.

이 카우츠 박사는 1926년생이고, 메사추세츠 공과대학에서 전자공학 박사를 받았고, 스탠포오드 연구소의 주임연구원을 거쳐 현재 CAI(The Center for Applied intuition)의 소장으로 근무 중인데, 그의 덕택으로 나의 직감력 연구도 발전했다고 할 수 있다.

앞에서도 몇번 소개했지만《비즈니스를 활성화 하는 직감력의 연구》는 나와 그의 공저(共著)인데, 사실상 최근 3~4년간 나는 직감력에 더욱 역점을 두어 경영을 중심으로 여러가지를 연구해 왔다고 할 수 있다.

그 이유는 올바른 직감력이 생기면 이 세상의 모든 문제가 해결된다는 것을 알게 되었기 때문이다.

나의 친구나 선배중에도 직감력이 탁월한 사람들이 많이 있다. 카우츠 박사와의 대담에서 나온 세이끼(政木和三)씨, 또는 창조력 개발에서 유명한 나까야마(中山正和)씨, 하이포니카 농법(農法)을 개발한 노자와(野澤重雄)씨, 아마도 맨손으로 격투를 한다면 현재 세계에서 가장 강한 사람이라고 할 수 있는 신체도(新體道)의 아오끼(青木宏之)씨, 일본의 에드커 케이시라고 할 수 있는 가네다끼(金瀧マり子)씨, 직감적인 디자인으로 계속 힛트 상품을 개발하고 있는 패션디자이너 구로자와(黑澤亞也)씨…… 등등인데, 이같이 수십명의 직감력 있는 사람들과 매일 매일 접촉한 덕택으로 직감력의 비밀, 직감력 개발법, 그 작용 등에 대해 나는 현재는 어느 정도 적확(的確)한 지식을 갖게 되었다고 생각한다.

여기에서 분명히 말할 수 있는 것은, 직감력은 인간에게 있어서 최고의 지적능력이고, 이것이 누구에게나 있는 것이며, 더구나 그다지 어려운 것도 아닌듯 하다.

이 직감력의 활용을 붓다는 '깨달음'이라고 말한 것 같고, 나까야마(中山正和)씨는 '문제해결'이라는 형태로 룰화(化)하고 있다. 붓다와 나까야마(中山)씨의 설명은 비교적 이해하기 쉽다. 이에 대하여 설명하기로 한다.

나까야마(中山)씨는 불교[특히, 반야심경]에 대해 깊은 지식과 이해력을 가진 분인데, 어느날 《법화경(法華徑)》을 펴놓고 그 서장(序章)인 '서품제일(序品第一)'을 읽다가 이 《법화경》이 바로 그의 전문 분야인 '창조력'의 핵심과 같다는 것을 알고 크게 쇽크를 받았다고 한다. 그래서 그는 불교철학이라고 할 수 있는 《반야심경》과 함께, 그의 철학을 구현[깨달음, 고민이나 문제를 해결하는] 하기 위해 구체적 방법의 가르침인《법화경(法華經)》 연구에 특히 심취했었다고 한다.

그는 종교인이 아니다. 그러나《반야심경》이나《법화경》은 물론이고 불교에 대하여 그 내용뿐만 아니라 불교사상의 구조나 각 불경의 역할에 이르기까지 정확하게 이해하는 불교연구가인 것은 틀림없다. 나는 그의 연구를 통해,《반야심경》과《법화경》 을 매우 핵심적으로 이해하게 되었다. 정직하게 말해서 그의 연구와는 거리가 멀지만 붓다의 예지(叡智)를 내 나름대로 알게 되었고 크게 매력을 느끼고 있다.

그런데,《법화경》에 의하면 붓다는 '어떤 사람도 모두가 보살 도(菩薩道)에 들어갈 수 있다'고 말하고 있다. 그것은, 인간이면 누구나가 깨달음을 얻을 수 있다=고민이 해결된다=인튜션 (직감력)을 발휘할 수 있다는 것으로 나는 해석하고 있다. 이것 을 붓다는 '마음을 비우면 직감을 얻을 수 있고 참된 데이터를 볼 수가 있다'고 설파하고 있다. 그리고 '마음을 비우기 위해=말 하자면 마음을 자재(自在)하기 위해=색즉시공(色即是空)과 공즉시색(空即是色)을 알기 위해서는 반야바라밀(般若波羅密) 을 행하지 않으면 안된다'고 결론을 맺고 '나는 경험을 통해 다음 과 같은 방법으로 깨달았으므로 자네들도 해보는 것이 어떤가? 그 반야바라밀의 정체(正體)는 6바라밀(六波羅密)을 실천하는 것이다. 그것은 보시(布施)·지계(持戒)·인욕(忍辱)·정진 (精進)·선정(禪定)·반야(般若)를 행하는 일이다'라고 제자들 에게 가르친 것이다.

'보시(布施)'란 자기가 가진 것을 사람들에게 주는 것, '지계 (持戒)'는 규칙을 지키는 것, '인욕(忍辱)'은 남이 싫어하는 바를 스스로 하는 것, '정진(精進)'은 모든 일에 성심성의를 다 하는 것, '선정(般若)'은 좌선(座禪)한다는 의미인데, 좌뇌에만 신경쓰

〈표 12〉 6바라밀(六波羅蜜)의 실천과 직감력의 발휘

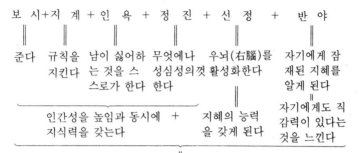

지 말고 우뇌를 활성화하는 것이라고 생각하면 된다. 그리고 최후의 '반야'는 스스로가 태어날때 부터 지니고 있는 지혜＝창조주의 분신(分身)으로서의 자기를 깨닫게 되는 것이라고 나는 판단하고 있다.

이것을 표로 만들면 쉽게 이해된다. 직감력을 갖기 위해서는 스스로 인간성을 높이고 지적 능력을 상승시키며, 창조주의 분신인 인간이 지니고 있는 직감력에 눈뜨지 않으면 안된다는 나의 사고방식과 바로 일치되는 것이다.

나까야마(中山)씨는 '6바라밀을 실행하는 것은 두뇌의 능력을 상승시키는 6가지의 심오한 비법(祕法)'이라고 말하고 있는데, 그것은 '직감력을 체득하기 위한 6개의 비법'이라고 표현해도 좋을 것이다. 〈표 : 12〉를 잘 관찰하기 바란다. 이것이 '후나이식 6바라밀' 해석이다.

그런데, 여기에서 한가지 독자 여러분에게 요청하는 바가 있다. 즉, 탁월한 직감력은 우수한 지적 능력이 없으면 충분히 발휘될 수 없고, 훌륭한 지적능력은 탁월한 지식력의 뒷받침이 필요하다는 것을 인식하기 바란다. 흔히 돌발적으로 탁월한 직감력이

생겼다는 것은 도리상으로나, 실제적으로도 있을 수 없다고 생각된다. 다만, 학력이나 경력과 직감력은 관계가 없는 것이다.

또, 젊고 인생경험도 없으며 인간성도 거의 수양이 되지 못한 사람, 그리고 별로 지적(知的)이지도 못하며 더구나 거의 지혜도 없는 사람에게 초능력(?)이 생기거나 발휘된다는 것은 우선 생각하기 어렵다. 무엇보다도 그 사람에게 창조주가 어떤 기대하는 바가 있다면 모르되, 그 대부분은 모조품이거나 가짜이고 참된 직감력은 아닌 것으로 생각된다.

'어느 누구도 즉시 초능력이 생기는 ○○방법'이라는 광고를 가끔 보게 되고 젊은이들이 여기에 관심을 갖는 경향이 있는데, 참으로 우수한 직감력은 그런 것이 아니다. 붓다께서도 말씀한바와 같이, 확실히 테크닉으로 능력을 갖는 것은 가능하지만 거기에는 기초적인 조건이 여러가지 필요하므로 그리 간단히 발휘되는 것이 아니라고 생각한다.

이 나까야마(中山)씨가 일반인을 위해 고안하고 정리한 '문제 해결의 5가지 조건'이란 것이 있는데, 그는 '이것은 발상법을 초월하는 문제 해결의 매뉴얼(manual)인데, 이 이외에는 문제 해결의 방법이 없다고 생각한다'고 까지 말하고 있다.

그 ①은 참된 정보를 많이 집합시킬 것.

그 ②는 이 정보를 기초로 하여 올바르게 추론(推論)할 것.

그 ③은 이 추론이 벽에 부딪치더라도 포기하지 말 것.

그 ④는 '가령'이란 경우를 생각해 볼 것.

그 ⑤는 황당무계한 가설(假說)을 세워 볼 것.

그러는 도중에, 어느 때 돌연히 중대한 아이디어가 떠오른다. 그것으로 문제는 해결되고 만다…… 고 말하고 있다.

나는 이 ①이 인간성을 높이는 것이고, ②와 ③은 지식력에의 도전, ④는 지적능력의 활용, ⑤는 자기 안에 있는 직감력의 활용이라고 해석하고 있다.

어쨌던, 발상법과 문제해결학의 천재인 나까야마(中山)씨의 '
생각과 이제까지 이 책에서 기술한 내용 등은 거의 차이가 없다
고 나는 생각한다. 그러므로 나까야마(中山)씨의 제안을 실천하
는 것도 좋고, 나의 설명 중 가능한 것을 실천하는 것도 바람직하
다.

나의 직감으로는, 이 직감력을 통한 문제 해결법을 마스터하면
다분히 '깨달음'을 얻을 수 있으리라고 생각된다. 그리고 이것은
자기 실현이 된다는 것이기도 할 것이다. 그 다음에는 직감력에
의해 올바른 에너지의 충족법도 알게 될 것이다. 그러면 무리하
지 않고 간단한 방법으로 누구나가 건강을 유지할 수 있게 될
것이다.

또, 인간으로서의 올바른 창조력이 싹트고 올바른 의지결정도
가능해지며 올바른 삶의 태도를 알게 되고 모든 사람이 이해하는
철학과 사상이 생기면 제3자에의 올바른 지도도 가능하게 될
것이다. 직감력이나 문제해결법은 마법(魔法)의 몽둥이와 같은
것이라고 할 수 있을 것이다. 그리고 궁극적으로는 붓다나 그리
스도처럼, 모든 면에서의 치료 능력이 문제해결법을 완전히 터득
한 사람들에게서 발견될 수 있는 가능성도 부정할 수가 없는
것이다.

아직 미숙하고 수행 도중인 나는 현재 경영을 중심으로 하는
부분적인 직감력이 있을 뿐이고, 일차적으로 문제해결법의 이론
적 체계는 세웠으나 완벽한 실천에는 이르지 못하고 있다. 그러
나 희망을 가지고 노력하고 있다. 무리없이 담담하게 그리고
즐겁게 몰두하고 있다.

그런데, 이 문제 해결법이야 말로 근원적인 수법 그 자체라고
할 수 있다. 아마도 완벽하지는 못하지만 자연율적 처리법과

문제해결법의 이론적 배경을 이해하고 이것을 올바른 수법으로서 연구하면서 알고 있는 것부터 실천할 때, 그 경영자나 기업체는 아마도 순조롭게 성장을 지속할 것이다.

또 누구나가 이같은 발상을 가졌을 때, 그들 개개인에게는 행운과 성공이 약속된다고도 할 수 있을 것이다.

[부기(附記)]

이상과 같이, 20여년 동안의 경험과 연구를 통해 내가 룰화(化)하고 수법화 한 경영법, 소위 후나이식 베이식 경영법을 8가지 수법으로 나누어 간단히 설명했다.

초급, 중급의 6가지는 나의 어드바이즈에 의해서도 매우 간단히 누구나가 무리없이 가능하고 효과적인 것도 증명되고 있다. 올바른 수법이기 때문이다. 그러나 이와는 달리, 상급(上級)의 두가지는 이론적으로 이해는 되지만 완벽한 실천이 어렵다. 그러나 이미 설명한 바와 같이, 이론이 뒷받침된 방침에 따라 마음 편히 가능한 것만을 하면 될 것이다.

이 두가지 상급 수준의 수법을 실천함에 있어서는 결코 무리하지 않는 것이 바람직하다. 홀가분하게 해도 탁효가 있고 보다 깊이 있는 수법에 도달되기 때문이다. 왜냐하면 그것이 진짜로 올바른 수법의 특성이라고 말할 수 있기 때문이다.

어쨌던 독자 여러분들은 이 8가지 수법에 가급적 도전하기를 바라고 싶다. 한가지 오해없기를 바라는 의미에서 말하고 싶은 것은 초급 레벨의 기업체를 성공시키기 위하여는 최고 경영자나 간부가 초급 레벨의 수법을 완전히 마스터하고 기업체가 그들의 수법을 실시할 수 있으면 된다고 이해하기 바란다.

마찬가지로, 중급레벨의 경영체가 성장을 계속하려면 최고 경영자와 간부가 초, 중급 레벨의 수법을 체득하고 기업체 자체가 그 수법을 실천할 수 있으면 되는 것이다.

상급 레벨에 대해서도 마찬가지이다. 다만 상급 레벨의 수법은 완전히 터득하기가 어려우므로 올바르게 이해한 다음에 그 방향으로 노력하면 그것으로 만족스러운 것이다.

이 점 양해하기 바라며 실천에의 노력을 당부하는 것이다.

베이식 경영법의
원리와 수법

1. 베이식 원리·원칙의 추구에서 성립된 후나이식 경영법의 구조

(1) 세상의 모든 현상을 긍정하고 포용하는 것으로부터 시작되었다.

· 납득이 되거나 말거나 현상(現象)이야말로 진실이다.

(2) 다음에, 모든 현상에 통용되는 공통의 베이식 룰(규범)을 설정한다.

· 올바른 룰, 올바른 수법일수록 단순 명쾌하고 모든 것에 통용되며, 무리없이 간단히 실행된다.

베이식 룰의 포인트

(a) 어떤 것일지라도 근원적이며 매크로적인 것부터 생각하는 것이 좋다.

(b) 이 세상에 존재하는 것의 근원은 모두 생명체이다.

(c) 모든 생명체의 본질은 생성 발전 중에 있다. 우주나 사람이나 동식물도 그 의식은 발전하고 있다.

(d) 사람으로서 태어난 이상에는 인간성의 향상에 노력하지 않으면 안된다.

(e) 다음 3가지에 도전하면 인간성이 향상된다.

① 직감력을 갖는다.

② 천지 자연의 이치를 알 것.

③ 천지 자연의 이치에 따른 행동을 하며 '행운'의 인생을 보내고, 좋은 인상(人相)을 가질 것.

(f) 경영체의 첫째 존재 목적은, 사회성의 추구(세상을 위하고 사람을 위한 것), 둘째는 교육성의 추구(인간성의 향상)이고, 그 결과로서 셋째 목적인 수익성이 얻어진다.

(g) 경영체뿐만 아니라 조직체의 성쇠(盛衰)는 그 우두머리(최고경영자)에 의해 99.9%까지 결정된다.

(3) 그 다음은 이상과 같은 베이식 룰에서 결론을 추정(推定)할 수 있다.

· 인간이란 무엇인가, 기업이란 어떠해야 하는가,라고 하는 것을 근원적, 매크로적으로 생각하고 룰화 하면 예컨대 신규 사업 참여의 좋고 나쁜 것, 성공하느냐 못하느냐의 결론이 간단히 나오는 법이다.

(4) 마지막으로 좋은 결론이 나오면 그 결론을 실현하기 위한 구체적인 수법을 실시한다.

· 마케팅적으로 볼 때, 구체적 수법은 지금으로서는 다음 5가지 밖에 없다.

ⓐ 즉시 업적 향상법

ⓑ 고밀도법(高密度法)

ⓒ 1등법

ⓓ 포괄법

ⓔ 셰어 향상법

2. 후나이식 경영법의 원리

(1) 될 수 있는대로 많은 사람들이 납득하고 응원해 주는 철학·방침·수법을 가진 경영을 지향하자.

　① 경영체의 존재나 목적하는 방향에 관하여 대의명분이 있고 그 철학이나 방침·수법 등이 단순 명쾌하며 무리없이 실행할 수 있고 제3자도 알 수 있는 것.

　② 천지 자연의 이치에 적합하고 자연과 융화되는 이른바 진짜의 경영.

(2) 기업 자체도 성장 발전하는 동시에 세상이나 다른 관계자도 성장 발전하는 경영을 지향한다.

　① 경영체의 존재 목적은 우선 세상을 위하고 사람을 위한다고 하는 사회성, 이어서 종업원이나 관계자의 인간성을 개발하는 교육성, 그리고 그 결과인 수익성의 추구이다.

　② 경영체는 존재로서 필요, 필연한 것이며 밸런스가 잡히고 그것들에 의해 발전이나 쇄퇴가 결정되는 공평성을 나타내는 것이 아니면 안된다.

3. 후나이식 베이식 경영의 8가지 방법

(1) 성공의 기본=둔(鈍)·근(根)·신(信), 친구 만들기의
   버릇을 붙이자.

   ① 둔(鈍)=무엇이거나 기쁘게 꾸준히 한다=천직(天職)
      발상의 권장 및 습관화.

   ② 근(根)=완전히 땅에 뿌리 내릴 때까지 기초를 철저히
      다진다=완전주의의 권장 및 습관화.

   ③ 신=스승을 믿는다=스승을 만들고 배우며 그 결과로
      자신에게 능력이 생기면 스승의 고마움을 알고 스승과
      자기를 믿게 된다. 그 권장 및 습관화.

   ④ 친구 만들기=성공자일수록 친구를 소중히 여기며 서로
      격려하고 서로 경쟁한다. 그러기 위한 친구 만들기의
      권장 및 습관화.

(2) 플러스 발상법

   ① '생각하는 바가 실현된다'고 하는 것은 인간만이 가지고
      있는 특성이다. 즉, 인간은 좋은 것을 생각하면 좋은 일이
      생기고 나쁜 것을 생각하면 나쁜 일이 나타난다.

   ② 따라서 플러스 발상=좋은 것을 생각하는 것은 소중하
      고 좋은 일이지만, 마이너스 발상=나쁜 것은 실수라

해도 생각하면 안된다.

③ 발전하는 사람은 플러스 발상 인간이고 희망이 없는 사람은 마이너스 발상 인간이다.

④ 인간이란 발전하는 조건을 찾고 믿으며 노력하면 발전되고 아무리 쉬운 것일지라도 불가능한 조건이나 나쁜 조건을 찾아 핑계만을 대고 있으면 성장 못할뿐만 아니라 소용없게 된다.

(3) '재수의 원리' 응용법

· 후나이식 즉시 업적 향상법＝재수의 원리를 응용한 후나이식 경영법의 대표적인 수법 중 하나. 이 책 제2장 참조.

(4) 경쟁 대응법

① 경쟁 대응은 '보다 매크로적인 선행(善行)'을 상정하고 거기에 도달하는 것을 의도하면서 협조와 경쟁의 두가지 방법을 병행시켜 갈 것.

② 최선의 경쟁 대응법은 강자에 의한 '포괄적인 발상'과 '정공법적 수법'의 실천이다.

③ 올바른 경쟁은, 그것에 의해 자기뿐만 아니라 세상도 급속히 발전한다고 하는 뜻에서 필요하다.

④ 경쟁 대응법은 스스로의 지위나 입장, 순서에 의해 달라진다. 따라서 능숙하게 대응하기 위해서는 경쟁력 원리나 셰어 원칙을 올바르게 알아야 된다.

(a) 경쟁력 원리

㉠ 3대 1의 공격 원리＝적지의 적을 공격하여 필승을 얻으려면 적보다 3배의 힘이 필요하다.

㉡ 4대 10의 수비의 원리＝적이 공격해 왔을 때, 자기

편에 적의 40% 이하의 힘밖에 없으면 싸우는 만큼
헛수고다.

ⓒ 10대 8의 이익 원리=동일 시장에서 2개 회사가
공존하는 경우, 으뜸에게 있어서는 경쟁 상대인 2
등의 힘을 자기의 80% 이하로 억제하지 않으면 이익
이 나오기 어렵게 된다.

ⓔ 2대 10의 안전 원리=동일 시장에서 복수의 컨페데
이터가 경쟁하는 경우, 자기 힘이 1등의 힘의 20%
이하라면 다른 경쟁자로부터 문제가 되지 않고 도리
어 안전하다.

ⓜ 8대 10의 심리 효과적 원리=이제까지 ⑦~ⓔ의
원리는 이른바 통계적인 원칙이지만, 당사자가 인간
인 이상, 이것은 심리적 효과(하려는 마음과 자신
감)에 의해 깨지는 경우가 있을 수 있다. 그러나 그것
은 하급자의 힘이 상급자의 8할에 이르렀을 때 뿐이
며, 그 이하에서는 심리적 효과는 마이너스로 작용하
지 않을 수 없다.

(b) 셰어 원칙

⑦ 독점 셰어=74%=경쟁 시장에서 74% 이상의 셰어
를 차지할 수 있으면 우선 절대로 안전하다.

ⓒ 상대 셰어=42%=경쟁자가 두사람 이상 존재하는
경우, 42%의 셰어를 빨리 확보한 자가 압도적으로
유리한 처지에 설 수 있다.

ⓒ 톱 셰어=26%=경쟁자의 힘이 서로 비슷한 상태로
서, 1등의 셰어가 26%에 이르지 못하면, 1등이라고
하더라도 거의 이익을 올릴 수 없다. 26%는 1등이

이익을 얻기 위한 최저 셰어이다.

    ㉣ 영향 셰어=11%=경쟁 시장 안에서 11%의 셰어에 이르렀을 때는 처음으로 자기의 존재가 시장 전체에 영향을 줄 수 있다.

    ㉤ 존재 셰어=7%=경쟁 시장 안에서 셰어가 7% 이하 에서는 경쟁자로서의 존재 가치는 인정할 수 없다.

(5) 이익 원칙 실천법

① 이익 원칙에 관해서는 이 책 제3장 62항을 참조할 것.

② '이익=1등의 수×취급 물품의 수×주도권×일체성' 이라고 하는 공식 가운데서 이익을 위해 제일 소중한 것은 ⓐ 일체성 ⓑ 2번째가 주도권 ⓒ 이어서 1등이라는 것이다.

③ 따라서 ②의 공식을 실천하려면 우선 일체화를 꾀하는 것부터 시작하고 다음에 주도권의 확보, 세번째로 1등 확보, 마지막으로 취급 물품의 증가를 생각해야 한다.

④ 종합화, 다각화는 발전을 위한 올바른 전략이고 전문화 나 세그먼테이션은 1등을 만들기 위한 부득이한 마케팅 전략, 혹은 신장하지 않을 때의 일시적 방편이다.

(6) 레벨 향상법

① 레벨은 하나만 틀려도 현격한 차가 나타난다.

② 그러나 뚫을 수 없는 천장은 없다.

③ 실천의 원칙은 구태의연한 수법을 분산시켜 복합화, 경쟁화시켜 그것을 통합하는 핵심을 만들고 종합하여 운영하는 방법을 발견하여 그것을 되풀이함으로써 더욱 높은 레벨에 도달할 수가 있다.

④ 확립된 수법의 대표적인 것은 조직체 확립법과 셰어를

높이는 방법이다.

⑤ 후나이식 조직체 확립법——다음 페이지의 도표를 참조할 것.

(a) 도표의 원맨형은 초급 레벨, 조직 활동을 시작한 단계가 중급 레벨, 조직체가 확립된 단계를 상급 레벨로 바꾸어 놓을 수 있다.

(b) 도표는 기업 체질의 개선, 새 상품의 판매, 새로운 채널 만들기 등에도 응용할 수 있다.

⑥ 셰어 방법

(a) 1등의 전략

㉠ 자기의 입장에서

○ 경쟁하지 말것.

○ 경쟁 시장을 자기 중심으로 안정시켜 둘것.

○ 완만한 포용 전술을 쓸 것.

○ 초경쟁 시장이란 것을 드러내 보이지 말것.

㉡ 경쟁력 원칙에서

○ 2등의 힘을 강화하지 말것.

㉢ 셰어의 원칙에서

○ 42% 이상의 셰어를 확보할것.

㉣ 시장에서

○ 빨리 시장 규모 안에서 절대적으로 1등을 차지할 것.

㉤ 경쟁 상대에게

○ 경쟁을 단념하게 하여 협력을 요청하도록 한다. (힘의 논리를 응용)

(b) 2등의 전략

㉠ 자기의 입장에서

　○ 1등과 대항할 수 있는 힘을 빨리 갖도록 한다.

　○ 3등 이하와의 관계에서 경쟁 시장을 끊임없이 불안정하게 한다.

　○ 3등 이하를 애지테이트(선동)하고 1등의 포괄작전을 불가능하게 하는 방향으로 추진한다.

　○ 힘이 붙을 때까지 1등과는 휴전한다.

　○ 3등 이하와 압도적인 차이를 만든다.

㉡ 경쟁력 원리에서

　○ 1등의 80% 이상의 힘을 갖는다.

㉢ 셰어의 원칙에서

　○ 26% 이상의 셰어를 차지한다.

㉣ 시장에서

　○ 시장 환경의 변경을 끊임없이 획책한다.

㉤ 경쟁 상대에게

　○ 4등 이하를 자기 산하에 둔다.

(c) 3등의 전략

㉠ 자기의 입장에서

　○ 1등과 동맹을 맺는다.

　○ 4등 이하와는 압도적인 차이를 만들어 둔다.

　○ 2등의 발을 잡아 당긴다.

　○ 2등과의 관계에서 경쟁 시장을 끊임없이 불안정하게 만든다.

㉡ 경쟁력 원리에서

　○ 2등의 80% 이상의 힘을 갖는다.

㉢ 셰어의 원칙에서

○ 11% 이상의 셰어를 차지한다.

㉣ 시장에서

○ 1등이 42% 이상의 셰어를 차지하지 못하게 하고, 1등의 안정 시장 만들기를 방해한다.

㉤ 경쟁 상태에게

○ 1등과의 관계에서, 모든 당면 목표를 2번에게 쏟는다.

○ 4등 이하를 두드려도 너무 자극하지 않는다.

○ 될 수만 있다면 1등으로 부터 물려주기를 기대한다.

(d) 4등의 전략

㉠ 자기의 입장에서

○ 우선 그룹의 우두머리가 된다. 자기의 자질이나 이념 등이 중요하다.

○ 약자의 결집 조건을 만들어 낸다.

○ 그룹을 크게 하고 1등에 필적할 때까지 끌고 간다.

○ 2등의 발을 끌어 당긴다.

㉡ 정치적 입장에서

○ 제3자의 동정이나 협력을 얻는 것이 필요하다.

㉢ 시장에서

○ 이해때문에 불일치의 경우가 없도록 한다.

○ 시장 안정을 위해 전력을 다한다.

(e) 5등의 전략

㉠ 자기의 입장에서

○ 강한 경쟁자로부터 경쟁 의식이 나오지 않도록

한다.

· 1등의 20% 이하의 힘

· 7% 이하의 셰어

○ 1등과 더불어 산다. 하나의 질서 속에서 편하게 산다.

○ 포기하는 감정을 남에게 발산시키기 위해서 손님과의 친분과 관련시켜 타지방에 진출을 생각한다.

ⓛ 시장에서

○ 시장 안정을 위해 전력을 다한다. 때로는 그룹 파워의 일원이 된다.

(7) 자연율적(自然率的) 처리법

① 이시가와 고단(石川光男 : 국제 기독교대학 교수·이학박사) 씨의 저서 《비즈니스를 살리는 '생명 시스템'으로부터의 발상》(PHP 연구소 발행)에서 배운 것.

(a) 다위니즘에서 약육강식을 정당화 한 것은 잘못된 것이다. 자연계에서 약자를 멸망시키는 것은 인간뿐이다.

(b) 암 세포와 같이 자기의 일밖에 생각하지 않고 증식하고 있으면, 이윽고 기생주(寄生主)인 인간까지도 죽이고 자신마저 죽지 않으면 안되게 된다.

(c) 세상은 오픈 시스템(개방계)으로 움직이고 있다. 따라서 세그먼테이션과 같은 크로즈드 시스템 발상은 시류에 따라가지 못하게 된다.

(d) 지배하기보다는 순응하는 편이 훌륭하다. 그것이 세상의 올바른 시스템이다.

(e) 경영에는 계획성이나 목적, 목표가 필요하다. 그것은 '하려는 의욕'이 되고 뇌세포의 활성화와 크게 관계된다.

(f) 우리는 우주선 지구호상에서 운명 공동체의 일원으로서 살아가고 있기 때문에 훌륭한 '조화적인 안정 상태'라는 발상이 필요하다.

·········등등·········

② 앞으로는 마음과 몸의 아름다움과 건강을 네트워크와 인맥에 의해 제공해 가는 매개, 매체 비즈니스의 시대가 될 것이다.

(8) 문제 해결법

① 문제 해결법을 안다는 것은 직감력을 갖는 것이다.

② 직감력은 초의식의 정보를 현재(顯在) 의식이 인지하는 것이다.

③ 문제 해결법이야말로 근원적인 수법이다.

④ 우수한 직감력은 탁월한 지적능력이 없으면 충분히 발휘할 수 없다.

⑤ 훌륭한 지적 능력은 훌륭한 지식력(知識力)의 뒷받침에 의해 발휘될 수 있다.

⑥ 후나이식의 6 바라밀 해석(六波羅蜜解釋)=직감력을 개발하기 위한 6가지의 비결 ——다음 페이지의 도표 참조.

⑦ 나까야마 쇼와(中山正和) 씨의 《문제해결의 5개 항목》

(a) 진실한 정보를 많이 집합할것(인간성을 높힐것).

(b) 그 정보를 기초로 하여 올바르게 추론(推論)할것

(지식욕에 대한 도전)

(c) 추론에 막히더라도 포기하지 말것(위와 같음).

(d) '우화(寓話)'를 만들어 볼것(지적 능력의 활용).

(e) 황당무계한 가설을 세워 볼것(자기 안에 있는 직감력
의 활용).

(괄호 안은 후나이의 해석)

⑧ 문제 해결법의 숙달='깨달음'과 연결될 것이다. 자기
실현이 가능해진다는 것이 된다.

후   기

  어제는 하루종일 이책의 교정으로 하루를 보냈다. 나는 본서를 1월 3일부터 쓰기 시작하여 2월 14일 끝냈다. 대부분은 새벽에 집에서 집필했지만, 30 % 정도는 여행중에 기차나 비행기 또는 호텔에서 쓴 것이다.

  교정볼 때, 느낀 것이지만 한곳에서 조용히 앉아 집필하지 못했기 때문에 문체나 내용의 설명에 매끄럽지 못한 점이 있었다. 그것을 어느 정도 보완하고 일관성 있게 수정하려다 만 하루를 소비했다.

  본서는 한정된 페이지에서 말하고 싶은 것을 전부 망라했으므로 설명 부족은 없다고 할 수 있고, 각각의 항목에 있어서도 일반 독자가 이해할 수 있도록 해설하였다.

  내가 이 책에서 의도한 바는, '불투명한 시대라고 해서 목전의 변화에 당황하여 소란피우지 말고, 가능한 한 근원적, 본질적으로 살자. 그러면 당면한 문제나 자기 자신의 문제점, 회사의 경영도 원활하게 될 것이다'라는 제언(提言)과 이것을 뒷받침하는 '베이식 경영법은 후나이식 경영법'의 핵심을 바란다는 것이다.

  아마도 독자 여러분은 이 두가지 나의 의도하는 바를 수용하리라고 생각한다. 그런데, 베이식 경영법=후나이식 경영법의 해설로서 본서를 보면 얼핏보기에 매우 불충분하고 불친절하게 보인다. 그러나 본서의 내용을 근원적으로 독자들이 분석하면 충분히 핵심적이거나 기초적(베이식)인 점을 이해하리라고 생각한다. 솔직히 말해서, 우수한 독자 여러분에게는 너무 세부적이거나 정적(靜的)인 해설이 불필요하다는 것이 나의 본심이다.

나는 최근에 와서 경영과 함께 인간 문제의 연구에 몰두하고 있다. 일반적으로 인간이란 것은 수태(受胎)때 부터 3세경까지가 매우 중요한 시기로 알려져 있다. 이때, 주변 환경으로 부터 주어지는 여건이 파고 들어가서 성장한 후, 그 사람의 모든 언동(言動)에 있어서 기초가 된다는 것이 밝혀지고 있다.

이 점에 관하여 붓다는 참으로 훌륭하게 설명하고 있다.

"기억이 불확실한 무명(無名)일 때, 3세까지야 말로 매우 중요하다. 이것이 바로 인(因)이다"라고.

우리가 상식적으로 볼 때, 3세까지는 본인에게 아무런 책임이 없다. 그러나 이같은 환경에 태어난 것은, 본인에게도 반드시 인연있는 것이고, 또 그것이 인생의 인(因)이 되므로 본인에게도 책임이 있기 마련이다. 그렇지만, 태아나 유아 교육에 있어서 부모나 주변의 사람들은 충분히 신경쓰기 바란다…… 라는 뜻일 것이다. 여기에서의 인(因)이란 바로 베이식을 뜻한다고 생각된다.

그런데, 최근 미국에서는 최면술에 의한 연령퇴행(年齡退行) 현상으로 의식을 0~3세까지 거슬러 올라감으로써 히스테리같은 것을 치료하는 방법이 매우 활발하다. 이것은 뇌리속에 박혀있는 기억이나 인(因)의 일부 변경 또는 즐거운 기억의 재인식에 의한 치료법이기도 하다. 이것은 매우 효과적이다.

무엇때문에 여기에서 설명하느냐 하면, 변화되지 않는 '인(因)'이란 것도 좋은 방향으로 변화될 수 있고 선량한 점을 재인식하면 결과도 좋아진다는 것을 말하려고 했기 때문이다.

경영에 있어서도 마찬가지일 것이다. 이제까지와는 달리 '어렸을 때 기억속에 각인(刻印)되는 환경적 요소의 중요성'을 반드시 재평가 하기 바란다. 그리고 새롭게 본서에 기술한 '베이식 경영'에 대해 도전하기를 바라고 싶다.

그리고, 이것이 시대적인 흐름이라고 말할 수도 있을 것이다.

보다 '베이식'한 것, 보다 '진짜', 보다 자연에 가까운 것을 추구하면 할수록 그것은 '단순 명쾌하며, 누구나가 이해하고 모두가 간단히 실천할 수 있을 뿐만 아니라 더구나 만능(万能)이면서 탁효가 있다'는 것을 알 수 있다.

본서를 통해 이 원리를 이해하기 바란다.

독자 여러분의 획기적인 발전을 기원하면서 각필(擱筆)하는 바이다.

저자약력

- 1933년 오오사카에서 출생. 교토대학 졸업.
- 일본 산업심리연구소 연구원. 일본 매니지먼트협회·경영 컨설턴트. 경영지도부장 이사 등을 거쳐 1970년 (주) 일본 마아케팅센터 설립.
- 현재 후나이그룹(후나이총합연구소) 총수
- 경영 컨설턴트로서는 세계적으로 제1인자. 고문으로 있는 기업체만도 유통업의 과반이 넘는 대기업체를 중심으로 약 1,300사. 지난 10년간 후나이의 지도로 매상이 90배 이상, 이익이 180배 이상 성장한 기업은 100개사 중 60개사로서 그 중 도산된 회사는 하나도 없음.
- 주요저서 〈성공의 노하우〉〈인간시대의 경영법〉〈성공을 위한 인간학〉〈21세기 경영법칙 101〉〈패션화시대의 경영〉〈매상고 향상 비법〉〈베이식 경영법〉〈신유통 혁명〉〈유통업계의 미래〉등 다수.

개정판 2021년 9월 30일

발행처 서음미디어(출판사)

등록 2009. 3. 15 No 7-0851

서울特別市 東大門區 新設洞 114의 7

Tel 2253-5292

Fax 2253-5295

企劃

李光熙

發行人

李光熙

著者

船井幸雄

編譯

最高經營者研究院

Printed in korea

정가 15,000원